Rudolf Koch

Immobilienwerbung – sicher vor Abmahnungen

11. Auflage

Herausgeber IVD Service GmbH

Rudolf Koch

Immobilienwerbung – sicher vor Abmahnungen

Ratgeber im Umgang mit berechtigten und unberechtigten Abmahnungen, Erläuterungen zum Wettbewerbsrecht und Abmahnwesen, Gesetze, Bestimmungen, Verfahren, Rechtsmissbrauch, Mustertexte, Formulierungsbeispiele für Zeitungsanzeigen und Internet

11. Auflage

Grabener

Bibliografische Information der Deutschen Nationalbibliothek
Die Deutsche Nationalbibliothek verzeichnet diese Publikation
in der Deutschen Nationalbibliografie; detaillierte bibliografische
Daten sind im Internet über http://dnb.d-nb.de abrufbar.

Grabener Verlag GmbH | Fachverlag der Immobilienwirtschaft
Stresemannplatz 4 | 24103 Kiel
Telefon 04 31 / 560 1 560 | Fax 04 31 / 560 1 580
E-Mail: info@grabener-verlag.de | www.grabener-verlag.de

Herausgeber: IVD Service GmbH, Berlin
In Kooperation mit:

Immobilienverband Deutschland IVD
Bundesverband der Immobilienberater, Makler,
Verwalter und Sachverständigen e.V.
Littenstraße 10 | 10179 Berlin

Darstellung und fachlicher Inhalt: Rudolf Koch, Gelsenkirchen, v. i. S. d. P.

Umschlag: Astrid Grabener
Layout: Astrid Grabener | Satz: Leo Kont
Druck: Hansadruck und Verlags-GmbH & Co KG Kiel

1. Auflage	Oktober 1996	Immobilienwerbung und Wettbewerbsrecht
2. Auflage	August 1997	Immobilienwerbung und Wettbewerbsrecht
3. Auflage	Januar 1999	Immobilienwerbung und Wettbewerbsrecht
4. Auflage	November 1999	Immobilienwerbung und Wettbewerbsrecht
5. Auflage	Herbst 2001	Immobilienwerbung und Wettbewerbsrecht
6. Auflage	Januar 2002	Immobilienwerbung und Wettbewerbsrecht
7. Auflage	November 2002	Immobilienwerbung und Wettbewerbsrecht
8. Auflage	November 2004	Immobilienwerbung und Wettbewerbsrecht
9. Auflage	2007	Immobilienwerbung – sicher vor Abmahnungen
10. Auflage	2010	Immobilienwerbung – sicher vor Abmahnungen
11. Auflage	**November 2015**	**Immobilienwerbung – sicher vor Abmahnungen**

ISBN 978-3-925573-682 … auch als e-Book erhältlich

Inhalt

Vorwort zur 11. Auflage

Immobilienmakler haben viele Berufe. Sie müssen Sachverständige für Immobilienpreise sein, Rechtskenntnisse wie Juristen haben, verhandeln können wie Diplomaten und ganz nebenbei auch noch Marketing- und Werbeprofis sein. Dass bei diesem anspruchsvollen und komplexen Anforderungsprofil schon einmal kleine Fehler passieren können, scheint nur allzu verständlich und menschlich. Besonders unangenehm können die Folgen bei Nachlässigkeiten in der Vermarktung und Bewerbung von Immobilien sein. Hier hat sich in den vergangenen zwei Jahrzehnten eine regelrechte Abmahnindustrie entwickelt, die eine immer komplexer werdende Gesetzeslage ausnützt, um Makler mittels Abmahnungen zu schröpfen. Doch gegen dieses zweifelhafte juristische Geschäftsmodell kann man sich wehren. Der Schlüssel: Fundiertes Know-How, wie es der Wettbewerbsexperte des IVD, Rudolf Koch, seit ebenfalls knapp drei Jahrzehnten vermittelt.

Nichts schützt besser gegen juristische Angriffe wegen vermeintlichen oder tatsächlichen Verstößen gegen Wettbewerbsrecht als praxisorientiertes Wissen zur aktuellen Rechtslage. Dies ist jedoch gar nicht so einfach zu erwerben oder beizubehalten. Jahrelange Erfahrung und Wissen um erlaubte Werbetechniken können beinahe über Nacht veralten, neue Gesetze bisherige tadellose Anzeigenformulierungen kippen. Das aktuellste Beispiel ist das Bestellerprinzip. Auch wenn im Gesetz verankert wurde, dass Mieter defacto keine Provisionen mehr an Immobilienvermittler bezahlen müssen, so dürfen Makler dennoch nicht mit dem Begriff „provisionsfrei“ in Anzeigen werben, da es sich um eine sogenannte Selbstverständlichkeit handelt.

Zum Glück gibt es, nunmehr in 11. Auflage, den Ratgeber „Immobilienwerbung – sicher vor Abmahnungen“. IVD-Wettbewerbsexperte Rudolf Koch hat es auch diesmal wieder geschafft, das komplexe Thema des Wettbewerbsrechts für Immobilienwerbung einfach verständlich darzustellen. Mit konkreten Beispielen aus dem Makleralltag, Checklisten, Musterfällen zu aktuellen Rechtslagen, Musterbriefen und vor allem jahrzehntelangem Praxiswissen rückt er den Fallstricken der Gesetzgebung auf den Leib und gibt Tipps und Ratschläge zur Entschärfung und Vermeidung von Fehlern und Nachlässigkeiten bei der Immobilienvermarktung. Mit diesem, aktualisierten, Ratgeber können Sie einfach und schnell Ihre Immobilienvermarktung auf Fehler überprüfen, den Abmahnern entgehen und sich voll und ganz auf Ihr Kerngeschäft konzentrieren: Das kompetente Vermitteln von Immobilien.

Jürgen Michael Schick
Präsident des Immobilienverbandes IVD
Berlin, September 2015

Vorwort zur 10. Auflage

Der Ihnen vorliegende Praxisratgeber feiert ein echtes Jubiläum! Erstaunlich ist dabei nicht so sehr die Auflagenzahl als solche – verblüffend ist vielmehr der Zeitraum: In nur 14 Jahren seit dem ersten Erscheinen ist nun schon die 10. Auflage erforderlich geworden! Dies zeigt erstens, wie wichtig dieses kleine Werk für die Praxis in der Immobilienbranche ist und zweitens, welchem schnellen Wandel die Rechtslage im Bereich des Wettbewerbsrechts unterliegt. Die letzte größere nationale Reform des Gesetzes gegen unlauteren Wettbewerb (UWG) liegt erst sechs Jahre zurück, da hat zu Beginn des Jahres 2009 ein erneut reformiertes, nunmehr ziemlich „europäisiertes" UWG Geltung erlangt. Rechtsanwender und Werbungstreibende müssen sich wieder auf neue Vorschriften und neue Rechtsfragen einstellen.

In Folge der Umsetzung der EU-Richtlinie über lautere Geschäftspraktiken in Europa hat das heutige UWG eine deutliche Stärkung des Verbraucherschutzes erfahren. Neue Informationspflichten und eine lange „schwarze Liste" von heute per se verbotenen Geschäftspraktiken sollen die Kunden vor irreführenden und aggressiven Werbemethoden schützen. Damit findet sich ein immer dichteres Netz feinmaschiger Verbotsvorschriften mit zahlreichen unbestimmten Rechtsbegriffen im Gesetz, in denen sich auch Immobilienanbieter leicht verfangen können.

Aufklärung und ständiges Lernen ist also erforderlich, um sich gegen Abmahnungen und wettbewerbsrechtliche Auseinandersetzungen zu schützen. Dafür ist dieser Ratgeber in der Immobilienbranche unentbehrlich: Er umfasst das wichtige aktuelle Wissen für die Praxis und – damit hebt er sich von der rein juristischen Literatur wohltuend ab – ist auch für den Laien verständlich geschrieben. Der Autor bürgt für Branchen- und Rechtskenntnisse gleichermaßen: Rudolf Koch gilt seit Jahren als ausgewiesener Kenner der Schnittstelle zwischen Recht und Werbung in der Immobilienbranche. Wie kein anderer verfügt er über ein breites Erfahrungswissen rund um die Themen UWG und „Abmahnung" im Immobilienbereich. Wer Immobilienwerbung betreibt, hat mit seinem Buch ein praktisches Nachschlagewerk zur Hand, auf das er nicht verzichten sollte.

RA Dr. Reiner Münker
Geschäftsführendes Präsidiumsmitglied
Wettbewerbszentrale
Bad Homburg, im Mai 2010

Vorwort zur 9. Auflage

Das Wettbewerbsrecht spielt in der Immobilienbranche seit jeher eine beachtliche Rolle. Werbung für Immobilien muss sich immer auch an den Vorgaben des Gesetzes gegen den unlauteren Wettbewerb orientieren. Diese Vorgaben sind, anders als in anderen Ländern, indes recht allgemein gehalten. Obwohl mit der UWG-Reform 2004 bereits etliche Fallgruppen Einzug in den Gesetzestext gehalten haben, gibt es weder spezielle Regelungen für die Immobilienbranche noch eine abschließende Fallgruppenregelung, sondern lediglich Beispiele. Aus diesem Grund bestehen zum individuellen Sachverhalt in der Immobilienwerbung oft unterschiedliche Rechtsmeinungen. Rechtssicherheit schaffen können da nur die Gerichte. Aber wer will es schon auf einen Prozess ankommen lassen?

Es muss also schnell guter Rat her. Da fallen jedem, der im Bereich der Immobilienwerbung tätig ist oder rechtlich berät, die Ausführungen dieses Buches gerade recht in die Hände. Ein Blick in die übersichtliche Darstellung von Fallbeispielen aus der Immobilienwerbung gibt Aufschluss darüber, was nach der Rechtsprechung „erlaubt" oder „verboten" ist. Dem Verfasser, der über beträchtliches Immobilienfachwissen verfügt, ist es wieder einmal gelungen, mit der Neuauflage dieses Buches die wichtigsten Neuigkeiten im Wettbewerbsrecht die Immobilienbranche betreffend präzise zusammenzufassen. Das ist es, womit Praktiker arbeiten können und möchten. Die klare, kurze und übersichtliche Darstellung der Rechtsprechung zur Immobilienwerbung macht dieses Buch zu einem unverzichtbaren Hilfsmittel bei der Gestaltung von Werbeaussagen in diesem Metier. Jedem, der in der Immobilienbranche tätig ist, kann dieses Buch nur anempfohlen werden.

Dr. Reiner Münker
Zentrale zur Bekämpfung unlauteren Wettbewerbs e. V.
Bad Homburg, im Mai 2007

Vorwort zur 8. Auflage

Rechtsanwältin Hildegard Reppelmund, Deutscher Industrie- und Handelskammertag (DIHK)

Das Wettbewerbsrecht ist für Unternehmer, die Werbung treiben, eine wesentliche Grundlage. Dies gilt gerade für Unternehmer in der Immobilienbranche, wo die Gefahr von Fehlern besonders häufig und groß ist. Schnell kommt es zu kleinen, aber durch die nachfolgende Abmahnung zu teuren Unterlassungen, unzulässigen Abkürzungen oder ähnlichen „Unlauterkeiten", sei es in der Zeitung, sei es auf Internetseiten.

Seit dem 8. Juli 2004 gilt das neue Gesetz gegen Unlauteren Wettbewerb (UWG). Die Neuauflage trägt der neuen Rechtslage Rechnung.

Das „alte" UWG war davon geprägt, dass im Gesetz selbst gar nicht so viel ausdrücklich geregelt war. Es gab eine Generalklausel, wonach alles, was gegen die guten Sitten verstieß, verboten war. Was das aber genau bedeutete, wurde erst durch die Rechtsprechung bestimmt, die in mehreren Jahren diverse Fallgruppen unlauteren Wettbewerbsverhaltens festgelegt hat. Gerade in der Immobilienwerbung gab es viele sehr detailorientierte und spezielle Urteile, die man in den bisherigen Auflagen dieses Buches finden konnte.

Das neue UWG will nun mehr Transparenz schaffen und führt die bisherigen größeren Fallgruppen der Rechsprechung nun im Gesetz selbst auf. Für den Rechtsanwender wird es dadurch leichter, weil er selbst für die Beurteilung der Zulässigkeit seiner Werbung schon mehr dem Gesetz entnehmen kann. Dennoch konnte nicht jedes Detail gesetzlich geregelt werden. So gibt es z. B. keine Sonderregelungen für die Immobilienwerbung im UWG, was aber auch nicht erforderlich erscheint. In vielen Fällen wird man an die bisherige Rechtsprechung angeknüpfen können. In anderen Fällen werden wir abwarten müssen, welche neuen Grenzen die Gerichte ziehen und insbesondere, wo sie neue Freiheiten gewähren. Die neuen Freiheiten werden sich im Immobilienbereich nicht so bemerkbar machen wie im Einzelhandel, aber es wird sie vielleicht auch dort geben.

Das vorliegende Buch, das von einem besonders ausgewiesenen Spezialisten in diesem Bereich verfasst wurde, wird weiterhin ein unentbehrlicher Ratgeber für die Branche sein. Selbst Kenner fragen den Verfasser immer wieder nach seiner Einschätzung, da gerade bei der neuen Rechtslage sein Erfahrungsschatz und das besondere Immobilienfachwissen besonders wertvoll ist. Auf dieses in dem Buch festgehaltene Wissen sollte jeder dieser Branche zurückgreifen.

RA Hildegard Reppelmund, DIHK
Berlin, September 2004

Vorwort zur 1. Auflage

Immobilienwerbung übt eine geradezu magische Anziehungskraft auf „Abmahner“ aus. Der Immobilienteil der Samstagszeitung ist für diese Spezies wie eine reich gedeckte Tafel. Hier ein nicht hervorgehobener Endpreis, dort eine 50-prozentige Sonder-AfA ohne nähere Erläuterung, rasch den passenden Textbaustein dazu aufrufen, und schon ist die kostenpflichtige Abmahnung fertig. Dabei steht die Seriosität des Abmahners regelmäßig in umgekehrtem Verhältnis zur Schwere des Verstoßes.

Man kann es aber auch so sehen: Trotz aller Aufklärungsarbeit wimmelt es in der Immobilienwerbung – natürlich auch anderswo – immer noch von Fehlern. Selten steckt böser Wille dahinter, meist bloß Unkenntnis oder Nachlässigkeit. Das entschuldigt aber nicht, sondern spielt den Abmahnern nur in die Hände. Der Gesetzgeber hat zwar vor kurzem versucht, die wettbewerbsrechtliche Verfolgung reiner Bagatellverstöße in der Werbung zu erschweren. Das sollte aber nicht zur Sorglosigkeit verleiten. Die Gerichte handhaben die neuen Regeln nämlich noch recht unterschiedlich. Außerdem ist nicht jeder Abmahner unseriös und nicht jeder Verstoß eine Bagatelle.

Was also tun? Das vorliegende Buch gibt die Antworten darauf. Es ist geschrieben vom Praktiker für den Praktiker. Sein Verfasser, übrigens auch von ehrenwerten Wettbewerbshütern gern konsultiert, gehört sicher zu den fundiertesten Kennern von Tricks, Schlichen und Vorlieben unseriöser Abmahner gerade im Immobilienbereich. Das breite Wissen, auf das er zurückgreifen kann, merkt man dem Buch an. Checklisten, Praxis-beispiele und Rechtsprechungsübersichten haben Hand und Fuß, sind für den Laien verständlich, aber auch für den nicht spezialisierten Juristen äußerst hilfreich.

Kurzum: Wer Immobilienwerbung betreibt und sich dabei an dieses Buch hält, dem kann eigentlich nicht mehr viel passieren. Möge das Buch also viele Käufer und mindestens ebenso viele Leser finden!

RA Dr. Axel Koblitz
Deutscher Industrie- und Handelstag (DIHT)
Bonn, im Oktober 1996

1. Einleitung

Einige einleitende Bemerkungen

Immobilienmakler, Hausverwalter oder Bauträger werden wie bisher immer noch mit zahlreichen wettbewerbsrechtlichen Abmahnungen konfrontiert. In vielen Fällen handelt es sich dabei um Abmahnungen von Bagatellen oder eine missbräuchliche Ausnutzung des Wettbewerbsrechts. Waren es in der Vergangenheit meistens Verstöße in den klassischen Bereichen Wohnungsvermittlungsgesetz, Preisangabenverordnung und dann dem Telemediengesetz und dem Urheberrecht, hat sich dies seit 2014 deutlich gewandelt. Die Energieeinsparverordnung und das neue Verbraucherrecht (Widerrufsrecht) haben zu deutlich anderen Abmahnungen geführt.

Viele Abmahnungen sind heute auch noch aus Bereichen, wo häufig unbewusst gegen geltende Gesetze verstoßen wird und die Abmahnungen im Prinzip durchaus berechtigt sind. Ich denke hier besonders an die vielen unzureichenden Pflichtangaben auf der Homepage (Impressum), unzulässige Bestimmungen in AGBs und Urheberrechtsverstöße. Den wenigsten Nutzern ist dabei bewusst, dass hier gegen die geschützten Eigentumsrechte der Urheber von Karten, Texte oder Bilder verstoßen wird.

Eine daraus resultierende Abmahnung ist berechtigt. Allerdings werden gerade im Bereich Urheberrechtsverletzungen durch die Einschaltung von Anwälten hohe Kosten produziert. Dabei wären die Rechteinhaber häufig in der Lage die festgestellten Nutzungen selber abzumahnen und Nutzungsgebühren anzufordern, da eigene Rechtsabteilung vorhanden sind. Ob in diesen Fällen immer die Einschaltung von Anwälten erforderlich ist, darf bezweifelt werden. Leider sieht das die Rechtsprechung nicht unbedingt so.

Die 2004 in das Gesetz aufgenommen Kostenerstattung für Abmahnungen hat die existierenden Probleme eher verstärkt, als die vorhandenen zu lösen. Der Gesetzgeber hatte zwar nicht einfach gesagt – was allerdings einige Abm(s)ahner behaupten – die Kosten der Rechtsverfolgung/Abmahnung sind erstattungsfähig, sondern erstattungsfähig sind nur die „erforderlichen“ Kosten der Rechtsverfolgung. Und damit kann wieder lange diskutiert – und vor allem gestritten werden – welche Kosten erforderlich sind. Diese Fälle von möglicher „Gebührenschinderei“ werden leider von den wenigsten Gerichten so gesehen und entsprechend beurteilt. Die in der Auflage dieses Buches von 2005 geäußerten Befürchtungen sind leider eingetreten. Die Geschäftemacherei hat dank Internet und moderner Bürotechnik extrem zugenommen.
Die Politik steht dem Abmahnunwesen – bis auf die teilweise erfolgreichen UWG-Novellen von 1986, mit Neuregelungen u.a. in den damaligen §§ 13 und 24 UWG,

1994 und 2000 noch einmal mit der Änderung des alten § 13 UWG – eher hilflos gegenüber. Aber auch die Gerichte haben dem Missbrauch keinen wirksamen Riegel vorgeschoben. Leider hat sich daran auch durch die Novelle des UWG 2004 wenig bis nichts geändert.

Gesetzesänderungen die hier Erleichterungen bringen sollten, gelten nur für Verbraucher und helfen damit Maklern, Verwalter oder Bauträger nicht. Zu denken ist hier etwa an die Kostendeckelung bei Urheberrechtsverstößen durch Verbraucher. Die Politik übersieht dabei vollständig, dass die Masse der Unternehmen kleine und kleinste Gewerbetreibende oder Handwerker sind, die keine Rechtsabteilung haben oder auch keine juristische Ausbildung. So ist ein Rechtsanwalt in der „Freizeit" als Verbraucher besser geschützt als ein Kleinstgewerbetreibender.

Die zusätzlichen Gefahren durch das Medium Internet - das auch im Immobilienbereich eine extrem wichtige Rolle spielt – sind sehr hoch. Dabei lassen sich mit wenigen Grundregeln und einigen Kenntnissen die meisten Fehler vermeiden. Deshalb soll mit diesem kleinen Buch der Makler, Bauträger oder Hausverwalter lernen, wie Werbung richtig und rechtssicher formuliert werden kann und was er unternehmen muss, wenn doch einmal ein Fehler passiert.

Der Makler oder Bauträger sollte sich stets Informationen bei der IHK und bei den Berufsverbänden besorgen und diese auch über die Abmahnung informieren. Das ist deshalb so wichtig, damit neue Serienabmahner schnell erkannt werden. Nur dann kann wirksame Hilfestellung gegeben werden.

Wo die Probleme liegen – was abgemahnt wird und wo der Fehler gefunden wird – zeigen die nachfolgenden Statistiken. Dem Fachmann zeigen sie aber auch, wo es Änderungen durch den Gesetzgeber oder wichtige Urteile gegeben hat und welche Auswirkung das Internet auf dieses Geschehen hat.

Ein bisschen Statistik

Die hier ausgewerteten Abmahnungen zeigen nur den Teil der mir zur Auswertung vorlag. Das tatsächliche Problem ist viel größer. Internet und moderne Büro- und Computertechnik ermöglichen eine viel intensivere Beobachtung der Mitbewerber und damit eine intensivere Abmahntätigkeit und dann ist da noch das Problem der extrem stark gestiegenen Zahl von Anwälten.

Anzahl der Abmahner 1991 - 2015

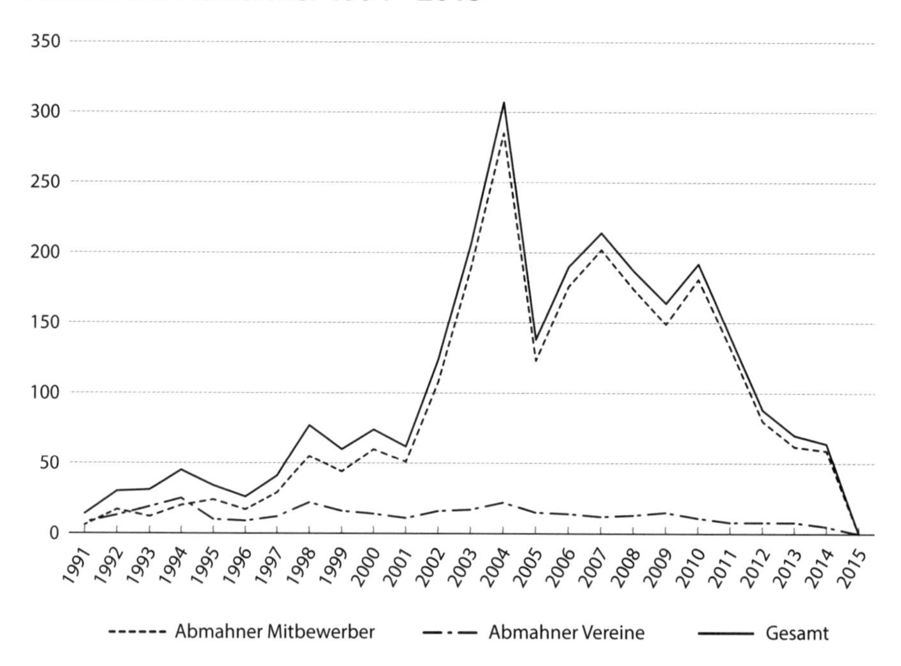

Anzahl der Abmahnungen 1991 - 2015

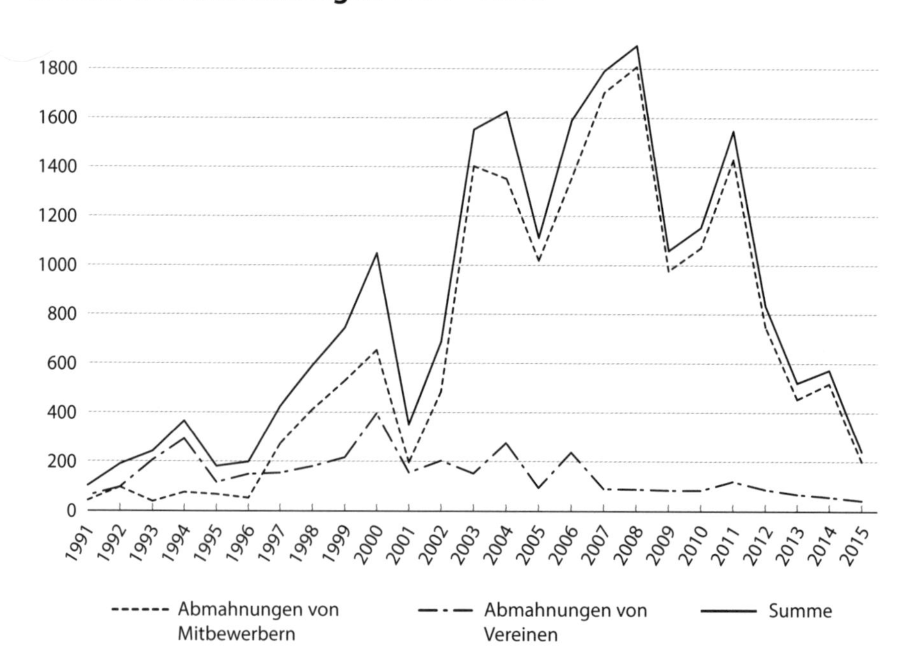

Fundstellen der Verstöße 2001 - 2015

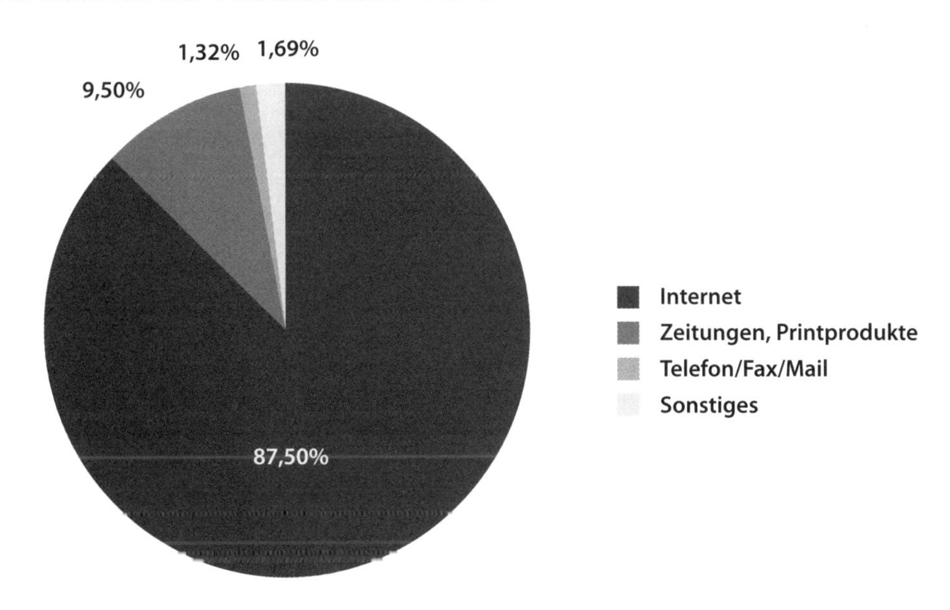

Anteile der Verstöße 1991 - 2015 und 2014/2015

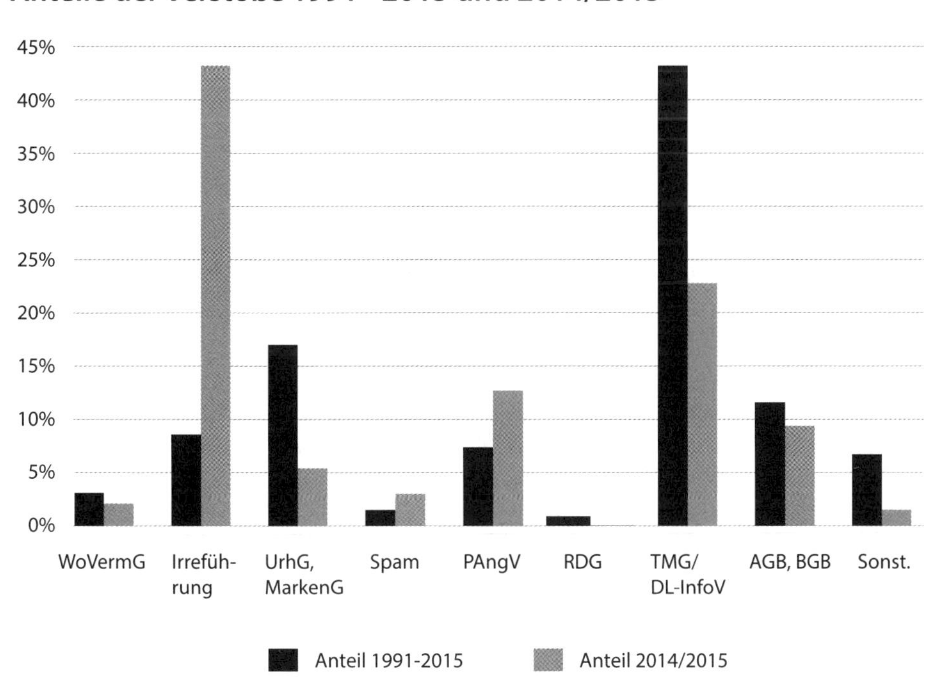

Veränderungen 2014/2015 durch neue Gesetze gegenüber langjährigem Durchschnitt

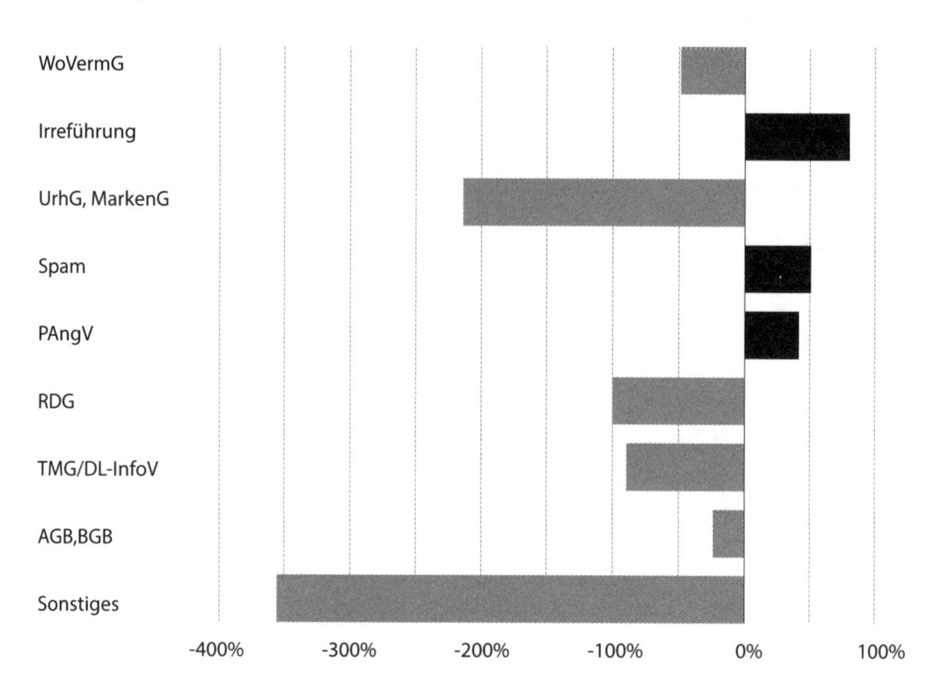

Was wurde 2014/2015 abgemahnt?

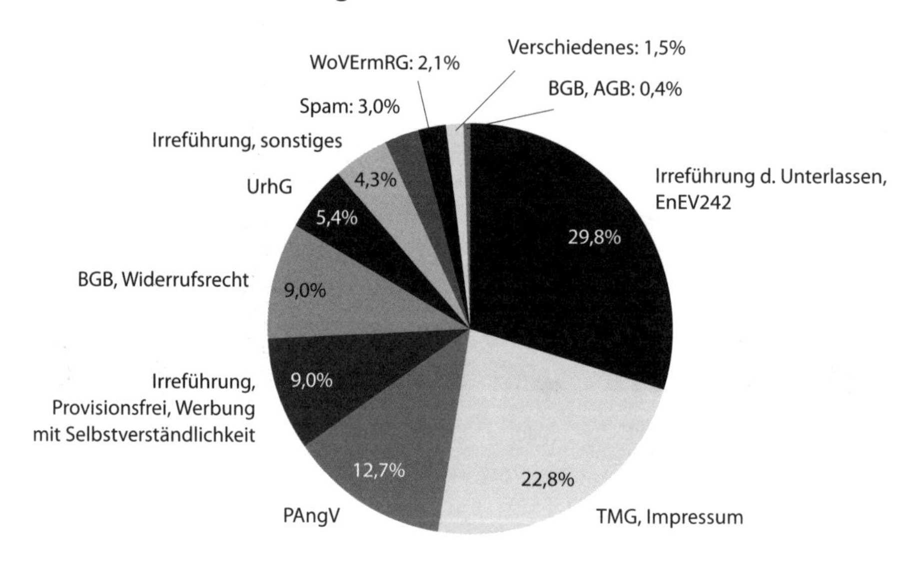

Das Geschäft mit dem UWG

UWG ist die Abkürzung für das „Gesetz gegen den unlauteren Wettbewerb". So wie die Gesellschaft Regeln zur Ordnung des Verhaltens der Mitglieder braucht, benötigt auch die durch Wettbewerb geprägte Marktwirtschaft Ordnungsregeln. Solche Regeln helfen ein Gleichgewicht zwischen den Beteiligten am Markt herzustellen. Das Verhältnis der Marktteilnehmer ist durch den Wettbewerb manchmal problematisch. Eine Werbung bringt dem Werbenden Vorteile, aber seinem Konkurrenten Nachteile. Der eine macht zusätzlichen Umsatz, der andere verliert Umsatz. Dieses im Prinzip gewollte Verhalten verlangt aber nach Regeln. Die Grundregeln, praktisch das Grundgesetz des Wettbewerbs, sind das Gesetz gegen den unlauteren Wettbewerb und das Gesetz gegen Wettbewerbsbeschränkungen. Während das letztgenannte grundsätzlich den Wettbewerb sichern soll, regelt das UWG den Wettbewerb der Marktteilnehmer. Während früher der Hauptinhalt des UWG der Schutz der Gewerbetreibenden unter- und voreinander war, ist inzwischen der Verbraucherschutz mindestens gleichbedeutend dazugekommen.

Aus dem ursprünglichen Gedanken heraus, dass die Wirtschaft in geregelter Selbsthilfe den ordentlichen Wettbewerb sichert, sind spezielle Verfahren entwickelt worden. Damit nicht immer die Gerichte bemüht werden müssen, hat die Rechtsprechung das Instrument der wettbewerbsrechtlichen Abmahnung entwickelt. Sie soll, bei minimalen Kosten für den Wettbewerbsstörer, eine außergerichtliche Erledigung einer unerlaubten Handlung ermöglichen. Der Wettbewerbsstörer wird durch die Abmahnung auf sein Fehlverhalten hingewiesen und aufgefordert, dies in der Zukunft zu unterlassen. In der Regel wird der Störer eine entsprechende Unterlassungserklärung abgeben. Diese muss eine Sanktion für den Fall einer Wiederholung des Verstoßes enthalten, die Vertragsstrafe.

Dieses, in verantwortlichen Händen, gute Instrument ist aber durch Geschäftemacher zunehmend missbraucht worden. Grund ist die Rechtsprechung, die dem Abmahner einen Ersatz seiner Kosten zugestanden hat. Im Prinzip ist auch gegen die Kostenerstattung nichts einzuwenden, da ein Geschädigter nicht noch mehr Schaden haben soll durch Bezahlung eines Anwalts. Diese Erstattung der Abmahnkosten – als Pauschale beim Verein und tatsächlich angefallene Kosten wie Rechtsanwaltsgebühren beim Mitbewerber – und die möglichen Vertragsstrafen haben aber den Missbrauch gefördert. Durch immer restriktivere Urteile verhalf – und verhilft auch heute noch – die Rechtsprechung den Abmahnern, die Gewinne in diesem Geschäft stark auszuweiten. Dieser Missbrauch mit dem Wettbewerbsrecht hat den Gesetzgeber deshalb mehrfach gezwungen, das alte UWG zu ändern, so z.B. 2004 und 2008. Diese Veränderung haben leider keine Wirkung im Bereich der Missbrauchsbekämpfung gezeigt.

Tausende von Gewerbetreibenden – darunter auch besonders häufig Immobilienfirmen – machen immer noch Bekanntschaft mit dieser Besonderheit des deutschen Wettbewerbsrechts, den kostenpflichtigen Abmahnungen, die häufig von selbsternannten Wettbewerbshütern verschickt werden. Das können Vereine oder Mitbewerber sein. Dagegen ist in berechtigten Fällen auch nichts einzuwenden. Leider wird die – im Prinzip gute – Selbsthilfe der Wirtschaft aber immer noch dazu genutzt, Geld zu machen. Man könnte das als eine moderne Form des Raubrittertums bezeichnen. Es gab Vereine mit wenigen Mitgliedern bundesweit, die es auf tausende von Abmahnungen innerhalb weniger Wochen mit den entsprechenden Einnahmen gebracht haben. Ende 2006 hat ein Verein mit dem bezeichnenden Namen „Ehrlich währt am längsten" tausende Gewerbetreibende abgemahnt um die Abmahngebühr zu kassieren. Auch wenn es inzwischen in diesem Fall ein Strafverfahren mit einer Verurteilung gegeben hat, ist ein Strafverfahren und die Verurteilung des Vorsitzenden doch eine absolute Ausnahme.

Aber auch angebliche Mitbewerber betreiben alleine oder zusammen mit Rechtsanwälten dieses einträgliche Geschäft. Überhaupt spielen in diesem dubiosen Geschäft häufig Rechtsanwälte – manchmal im Hintergrund – eine Hauptrolle. Gibt es doch die Möglichkeit neben den Abmahnungen mit Kostenersatz, eventuell eine große Anzahl von Prozessen zu führen und bei relativ geringem Risiko das Gerichtsverfahren zu verlieren, wenn man sich auf bestimmte Verstöße beschränkt. Die meistens geringfügigen Verstöße wurden früher beim Durchforsten von Anzeigen in Zeitungen in großem Umfang aufgespürt und mit Abmahnungen verfolgt. Heute sucht man im Internet und macht sich die Technik der Suchmaschinen zu Nutze. Groß ist die Zahl der Wettbewerbshüter, die sich in der Immobilienbranche tummeln zwar nicht mehr. Es reicht aber immer noch für einige tausend Abmahnungen im Jahr.

Während vor der UWG-Novelle von 1994 überwiegend Wettbewerbsvereine als Wettbewerbshüter auftraten, waren es später „Verbraucherschutzvereine" und heute sind es verstärkt die Mitbewerber mit oder ohne Anwalt.

Ein besonders krasses Beispiel ist sicher der Münchner Abmahner Hans H., früher sogar einmal Anwalt, danach mal Makler und später Bauträger und vor allem Abmahner von eigenen Gnaden. Trotz einer einschlägigen Vorstrafe wegen Abmahnungen im Immobilienbereich in den frühen 80er Jahren und inzwischen eingetretener Vermögenslosigkeit durch Bauträgertätigkeit in Berlin, die ihn 2004 die Anwaltszulassung kostete, mahnt er fleißig als ehemaliger Besitzer einer Bauträgererlaubnis ab. Er bezeichnet sich – so ist es manchmal auf dem Briefbogen zu lesen – als „billigster Verbraucherschützer im Immobilienbereich" aber auch als „Deutschlands dienstältester Abmahner im Immobilienbereich".

Obwohl der BGH schon im Oktober 2000 wegen Missbrauch der Klagebefugnis gegen ihn entschied, setzte er seine Tätigkeit fort. Rund 6.600 Abmahnungen von knapp 7.500 Abmahnungen dieses Abmahners, liegen mir alleine seit der Missbrauchsentscheidung des BGH vor. Zahlreiche Urteile von Land- und Oberlandesgerichten hielten zwar in der Folge an dieser Rechtsprechung fest, trotzdem fand sich manchmal irgendwo ein Richter der auf Antrag von Hans H. eine Verfügung erließ. Im Widerspruchsverfahren wurden diese zwar regelmäßig auch aufgehoben, aber die Betroffenen blieben auf den Anwaltskosten sitzen, da unser „Wettbewerbshüter" vermögenslos ist. Dies stellte sogar das OLG

München in einer Entscheidung von Ende Januar 2007 ausdrücklich mit der folgenden Bemerkung fest:

„In diesem Zusammenhang ist darauf hinzuweisen, dass auch die Verfahrensgebühr für dieses Berufungsverfahren in Höhe von 356 Euro noch offen ist und die Justizkasse unter Hinweis auf die geleistete eidesstattliche Versicherung von einer Eintreibung wohl absehen wird."

Über 6.450 Abmahnungen liegen dem Autor nur von diesem Abmahner aus den letzten 10 Jahren vor. Die Gebührenforderungen seit 2003 summierten sich auf über 1.640.000 Euro aus diesen bekannten Abmahnungen. Dabei stellen sie nur die Spitze des Eisberges dar, da in diesem Fall nur jede dritte oder vierte Abmahnung beim Autor bekannt wird.

Das gerade geschilderte Beispiel ist leider kein Einzelfall, sondern ein ständiges Problem. Makler und Bauträger sind wegen der umfangreichen Werbung in Zeitungen und Heute besonders im Internet, wegen häufig widersprüchlicher Rechtsprechung und komplizierter Gesetze ein potenzielles Daueropfer solcher Wettbewerbshüter. Die Beispiele lassen sich beliebig fortsetzen. Alle Bemühungen der letzten 30 Jahre haben daran nur bedingt etwas geändert. Zwar ist die Anzahl der Abmahner im Vereinsbereich deutlich zurückgegangen, die Zahl der Mitbewerber hat aber dafür stark zugenommen. Vor allem die Intensität der Verfolgung auch kleinster Verstöße – besonders im Internet – hat extrem zugenommen.

Viele Abgemahnte erhalten aber keine oder nur unzureichende Hilfe oder Beratung. Selbst viele Anwälte sind nicht selten hilflos, weil Informationen über Abmahner fehlen und die Rechtsprechung unübersichtlich ist. So wird häufiger auf anwaltlichen Rat einfach die Unterlassungserklärung unterschrieben und teilweise werden kritiklos die angeforderten Kosten gezahlt.

Das böse Erwachen kommt häufig schon bald, weil der gleiche oder ein ähnlicher Fehler wieder passiert und eine Vertragsstrafe angefordert wird. Jetzt geht es nicht mehr um einige Hundert Euro Abmahngebühren, sondern um 3.000, 5.000 oder 10.000 Euro Vertragsstrafeforderungen. Jetzt aber sind fast alle Möglichkeiten, dem Opfer zu helfen, erschöpft. Die unterschriebene Unterlassungserklärung ist ein Vertrag der – unabhängig vom Verschulden oder der Zulässigkeit der Forderung – die nächsten Jahrzehnte zu erfüllen ist. So ist das Gesetz und so urteilen die Gerichte.

Welche Lehren sind daraus zu ziehen? Solange der Gesetzgeberund die Richter nicht auf Praktiker der Wirtschaft hört und das manchmal kleinkarierte deutsche Wettbewerbsrecht und die Rechtsprechung geändert wird, muss der Gewerbetreibende mit Urteilen rechnen, die teilweise absolutes Unverständnis in der Wirtschaft hervorrufen, aber geltendes Recht sind. Einige Beispiele für Abmahnungen finden Sie im Anhang des Buches. (10. Typische Beispiele aus der Praxis). Gewerbetreibende sind gut beraten, Tipps und Hinweise aus dem Bereich des Wettbewerbsrechts zu beachten. Richtige Werbung erspart Abmahnungen und damit Kosten und vor allem Zeit. Beides kann man sinnvoller für die Vermarktung der Immobilien aufwenden.

Dieses kleine Buch soll Maklern, Verwalter und Bauträger dabei helfen typische Fehler zu vermeiden. Kommt trotzdem mal einer vor, gibt es im Buch die notwendigen Tipps und Hilfen. Schwerpunkt soll aber die Verhinderung von Fehlern sein. Dafür muss man die wichtigsten Gesetze und eventuell auch Rechtsprechung kennen. Einige grundlegende Erläuterungen zum UWG folgen anschließend, während im Teil 3 genauer auf den Inhalt des UWG eingegangen wird und einige weitere Gesetze mit den wichtigsten Paragraphen kurz vorgestellt werden.

Das „neue" UWG

Seit dem 30. Dezember 2008 haben wir das neue Gesetz gegen den unlauteren Wettbewerb, wie bisher kurz UWG genannt. Es ersetzt das alte seit 2004 geltende Gesetz. Mit dem neuen UWG hat der Gesetzgeber die EU-Richtlinie über „Unlautere Geschäftspraktiken" umgesetzt.

Das UWG ist – wie bisher – in fünf Kapitel unterteilt. Im ersten Kapitel sind allgemeine Bestimmungen enthalten, das zweite Kapitel befasst sich mit den Rechtsfolgen. Im dritten Kapitel sind Verfahrensvorschriften, im vierten Kapitel stehen die Strafvorschriften und im letzten Kapitel sind Schlussbestimmungen enthalten, die hier aber nicht weiter interessieren.

Allgemeine Bestimmungen

§ 1 nennt zunächst den Gesetzeszweck, das ist neben dem Schutz der Mitbewerber, der Verbraucher und sonstiger Marktteilnehmer vor einer „unlauteren geschäftlichen Handlung". Es folgen in § 2 Definitionen für „geschäftliche Handlung", „Marktteilnehmer", „Mitbewerber", „Nachrichten", „Verhaltenskodex", „Unternehmer" und „Fachliche Sorgfalt".

§ 3 enthält die **Generalklausel** über das Verbot der „unlauteren geschäftlichen Handlung **vor, während** und **nach** einem Vertragsschluss". Im § 4 sind dann Beispiele für unlautere geschäftliche Handlungen aufgeführt. Es ist aber keine abschließende Aufzählung, sondern ein Beispielkatalog, abgeleitet aus der bisherigen Rechtsprechung. Daran schließen sich die Sondertatbestände wie „irreführende geschäftliche Handlung" im § 5 und „irreführende geschäftliche Handlung durch Unterlassen" im § 5a, „vergleichende Werbung" im § 6 und „unzumutbare Belästigungen" im § 7 an.
Im zweiten Kapitel sind die Rechtsfolgen geregelt: „Beseitigung und Unterlassung" in § 8, der „Schadenersatz" in § 9, die „Gewinnabschöpfung" in § 10 und die „Verjährung" in § 11.

Das dritte Kapitel betrifft die Verfahrensvorschriften zur „Anspruchsdurchsetzung“ (Abmahnung), „Veröffentlichungsbefugnis“ und “Streitwertminderung“ in § 12. Weiter sind hier Regelungen zur sachlichen Zuständigkeit, also welche Gerichtsart in § 13 und örtlichen Zuständigkeit, also der Gerichtsstand in § 14 getroffen. Die Einigungsstellen bei den Industrie- und Handelskammern sind jetzt im § 15 geregelt.

Das vierte Kapitel enthält Strafvorschriften für besondere Fälle der irreführenden Werbung in § 16, zum Verrat von Geschäfts- und Betriebsgeheimnissen in § 17), zur Vorlagenausbeutung in § 18. Weiter ist in § 19 die Anstiftung oder die Beteiligung am Verrat geregelt. Wichtig und neu dazugekommen ist der Anhang mit einer Aufzählung von 30 immer unlauteren geschäftlichen Handlungen.

Die „neue“ Generalklausel § 3

Betrachten wir die Generalklausel in § 3 UWG einmal näher, sie lautet: “*Unlautere geschäftliche Handlungen sind unzulässig, wenn sie geeignet sind, die Interessen von Mitbewerbern, Verbrauchern oder sonstigen Marktteilnehmern* ***spürbar*** *zu beeinträchtigen*”. Das bedeutet, dass – außer den stets unlauteren Handlungen aus dem 30 Positionen umfassenden Katalog im Anhang – es eine Gruppe von Handlungen gibt, deren „Spürbarkeit“ geprüft werden muss, die zwar unlauter sind, aber als „Bagatelle“ angesehen werden. Das bedeutet, solche Verstöße können nicht verfolgt werden.

Die dann folgenden §§ 4 - 6 regeln bestimmte Fälle – praktisch wie ein Katalog – unlauterer geschäftlicher Handlungen, die sich entweder speziell gegen Verbraucher, Marktteilnehmer oder Unternehmer richten können. Auch der § 7 gehört – allerdings mit einer anders definierten Spürbarkeitsgrenze – dazu. Statt von einer „spürbaren Beeinträchtigung“ ist im § 7 von einer „unzumutbaren Belästigung“ die Rede.

Beispiele unlauterer geschäftlicher Handlungen § 4

Schutz der Verbraucher und sonstiger Marktteilnehmer

Bei den Beispielen in § 4 steht – wie überhaupt jetzt mit dem neuen UWG – der Verbraucherschutz weit vorne. Die Beispiele unter den Nummern 1 bis 6 betreffen die Verbraucher und die sonstigen Marktteilnehmer. Besonders werden jetzt auch ausdrücklich Kinder, Jugendliche und unerfahrene Personen aufgeführt.

Auch Leichtgläubigkeit, Angst oder die Zwangslage von Verbrauchern darf nicht ausgenutzt werden. Das hat die Rechtsprechung zwar bislang schon berücksichtigt, aber hier wird jetzt verstärkt darauf zu achten sein.

Schutz der Mitbewerber

Der Schutz der Mitbewerber ist in den dann folgenden Beispielen 7 bis 11 geregelt. Dass Mitbewerber, deren Produkte, Leistungen oder Kennzeichen nicht unsachlich herabgesetzt oder gar in Misskredit gebracht werden dürfen (Nr. 7 und 8), war bisher schon so. Der wettbewerbsrechtliche Leistungsschutz ist jetzt aber auch ausdrücklich im Gesetz festgeschrieben (Nr. 9). Der Behinderungswettbewerb ist wie bisher verboten (Nr. 10) und auch der Vorsprung durch Rechtsbruch ist ausdrücklich im Gesetz aufgenommen (Nr. 11), wie er vom Bundesgerichtshof eingeordnet wurde. Im Immobilienbereich wird sicher die Nr. 11 als eine Art „Auffangtatbestand" bei Verstößen gegen Gesetze eine größere Rolle spielen.

Die Sondertatbestände

Irreführende geschäftliche Handlungen und Irreführung durch Unterlassen §§ 5, 5a

Der Sondertatbestand der irreführenden Werbung, jetzt in den §§ 5 und neu 5a UWG, wird durch Beispiele erläutert, die jedoch nicht abschließend sind, sondern Anhaltspunkte liefern. Eine entscheidende Rolle spielt die Irreführung durch Unterlassen im § 5a UWG für den Immobilienbereich. Neue Gesetze wie das neue Verbraucherrecht oder die Energieeinsparverordnung haben zusätzliche Informationspflichten gebracht, deren Nichterfüllung einen Verstoß gegen § 5a UWG darstellen.

Vergleichende Werbung § 6

Die Regeln zur vergleichenden Werbung, im § 6 UWG, sind fast unverändert aus dem bisherigen § 6 UWG (2004) übernommen worden. Vergleichende Werbung spielte aber im Immobilienbereich bisher praktisch keine Rolle. Daran hat sich auch in den letzten Jahren nichts geändert.

Unzumutbare Belästigungen § 7

Die verschiedenen Tatbestände der bisherigen belästigenden Werbung (hauptsächlich Werbeanrufe, -faxe und -mails), im § 7 UWG normiert, sind alle schon von der Rechtsprechung entwickelt worden, also nicht grundlegend neu, bekommen aber mehr Gewicht. Damit sind auch Vorgaben aus der EG-Datenschutzrichtlinie in deutsches Recht umgesetzt worden. Im August 2009 sind die Regeln verschärft worden und zusätzliche „Strafmaßnahmen" eingeführt worden. So ist das Bußgeld inzwischen bei Verstößen gegenüber Verbrauchern auf 300.000 Euro erhöht worden.
Die Werbung hat dem Verbraucher künftig mehr Respekt entgegenzubringen und

dabei zu berücksichtigen, dass der Verbraucher nicht jederzeitig, überall und bei jeder Gelegenheit mit Werbung konfrontiert werden will. Wer Werbung nicht wünscht, darf damit auch nicht behelligt werden. Ansonsten gelten die bisher von der Rechtsprechung entwickelten Kriterien für das mutmaßliche Einverständnis.

Rechtsfolgen

Beseitigung und Unterlassung (Abmahnbefugnis) § 8

Der § 8 UWG regelt – ähnlich wie der alte § 13 UWG (1909) – die **Klagebefugnis**, d.h., wer Ansprüche aus dem Gesetz geltend machen kann. Es sind **4 Gruppen**:

Der Mitbewerber, § 8 Abs. 3 Nr. 1

1. Wettbewerbsverbände und Gewerbevereine, § 8 Abs. 3 Nr. 2 (z.B. Berufsverbände, Einzelhandelsverbände, Wettbewerbs-/Abmahnvereine)
2. Die Industrie- und Handelskammern sowie die Handwerkskammern, § 8 Abs. 3 Nr. 4
3. Verbraucherschutzverbände als so genannte qualifizierte Einrichtungen, § 8 Abs. 2 Nr. 3.

Der Unterlassungsanspruch ist jetzt dem Mitbewerber, wie er im § 2 Abs. 1 Nr. 3 UWG definiert ist, vorbehalten. Mitbewerber ist jeder Unternehmer (§ 14 BGB), der … als Anbieter oder Nachfrager … in einem **konkreten** Wettbewerbsverhältnis steht. Erforderlich ist dafür eine zumindest teilweise Überschneidung des Kundenkreises und des Waren- oder Dienstleistungsangebot.

Schadensersatz und Gewinnabschöpfung § 9

Schadensersatz (§ 9 UWG) und die Gewinnabschöpfung (§ 10 UWG) spielen im Immobilienbereich praktisch keine – oder zumindest nur untergeordnete – Rolle. Es gibt aber eine Ausnahme, das sind die leider auch in der Immobilienwirtschaft häufig festgestellten Urheberrechtsverstöße an Stadtplänen und Landkarten.

Verjährung § 11

Der § 11 UWG regelt die kurze (6 Monate) Verjährungsfrist. Hier ist das Problem wann die Verjährungsfrist beginnt. Das Datum der „Kenntniserlangung der begründenden Umstände" ist kaum feststellbar und damit manipulierbar.

Verfahrensvorschriften

Anspruchsdurchsetzung (Abmahnung, Kostenersatz) § 12

Bei den Verfahrensvorschriften ist besonders auf die im UWG (§ 12 Abs. 1 letzter Satz) enthaltene Vorschrift hinzuweisen, dass die „erforderlichen Aufwendungen“ für eine Abmahnung zu erstatten sind. Hier ist auf der einen Seite „fachkundigen“ Abmahnern die Verdienstquelle UWG – zumindest theoretisch – beschnitten worden, andererseits ist „gering verdienenden“ Juristen eine sprudelnde Einnahmequelle an die Hand gegeben worden. Diese 2004 in das UWG eingeführte Regelung hat sich nicht bewährt, da die Rechtsprechung die häufig zu hoch gewählten Gegenstandswerte (Streitwerte) einfach akzeptiert.

Sachliche Zuständigkeit § 13

Hinzuweisen ist noch auf die Festlegung zur sachlichen Zuständigkeit im § 13, danach ist immer das Landgericht Anfangsgericht.

Örtliche Zuständigkeit § 14

Der § 14 UWG regelt die örtliche Zuständigkeit. Danach ist, wie allgemein im Zivilrecht, gemäß § 14 Abs. 1 das örtliche Gericht des Geschäftssitzes des Beklagten zuständig, zumindest theoretisch. Der Abs. 2 regelt aber eine Ausnahme, nämlich die Zuständigkeit jedes Gerichts in dem die Handlung vorgenommen wurde. Dies bedeutet praktisch, dass der Anspruchsteller sich das Gericht aussuchen kann, die Juristen sprechen vom sogenannten „fliegenden Gerichtsstand“ oder neudeutsch „Forum-Shopping“.
Einige Änderungen haben wie erwartet zu größeren Auswirkungen auf die Tätigkeit als Makler, Bauträger, Verwalter oder Gutachter geführt. Im Folgenden werden die wichtigsten Änderungen kurz aufgeführt.

Die neuen Begriffe und die Veränderung des Anwendungsbereichs des UWG

Der Begriff der „unlauteren Wettbewerbshandlungen“ ist in „unlautere geschäftliche Handlungen“ geändert worden. Die neue Generalklausel im § 3 Abs. 1 verbietet unlautere geschäftliche Handlungen, die geeignet sind, die Interessen von Mitbewerbern, Verbrauchern oder sonstigen Marktteilnehmern spürbar zu beeinträchtigen. Die „geschäftliche Handlung“ wird im § 2 UWG so definiert: „ … jedes Verhalten einer Person zugunsten des eigenen oder eines fremden Unternehmens vor, bei oder nach einem Geschäftsabschluss, dass mit der Förderung des Absatzes oder des Bezugs von Waren oder Dienstleistungen oder mit dem Abschluss oder der Durchführung eines Vertrages über

Waren oder Dienstleistungen objektiv zusammenhängt; als Waren gelten auch Grundstücke, als Dienstleistungen auch Rechte und Verpflichtungen;".

Damit wird das Verhalten des Unternehmers nicht nur wie bisher vor, sondern jetzt auch während und nach einem Vertragsschluss durch das UWG erfasst. Vorrangig wird dadurch der Verbraucherschutz ausgeweitet, da jetzt auch das nachvertragliche Verhalten von Unternehmern entscheidend ist. Dies ist z.B. der Fall bei der Behandlung von Service- oder Garantieansprüchen.

Der 2. Absatz stellt auf bestimmte Handlungen gegenüber dem Verbraucher ab und verbietet speziell geschäftliche Handlungen gegenüber Verbrauchern, wenn sie nicht der für den Unternehmer geltenden fachlichen Sorgfalt entsprechen und dazu geeignet sind, die Fähigkeit des Verbrauchers sich auf Grund von Informationen zu entscheiden, spürbar zu beeinträchtigen und ihn damit zu einer geschäftlichen Entscheidung zu veranlassen, die er andernfalls nicht getroffen hätte.

Die neue „Bagatellklausel"

Die alte „Bagatellklausel" wurde durch eine Neufassung konkretisiert. Durch das Ändern der unbestimmten Rechtsbegriffe „Nachteil" und „unerhebliche Beeinträchtigung" in „Interessen" und „Spürbarkeit" sind auf den ersten Blick nur marginale Änderungen entstanden. Welche Auswirkungen diese Änderungen haben, kann aber erst nach Vorliegen von Rechtsprechung beurteilt werden.

Nach dem neu eingefügten Absatz 2 sind jetzt „geschäftliche Handlungen gegenüber Verbrauchern jedenfalls dann unzulässig, **wenn sie nicht der für den Unternehmer geltenden fachlichen Sorgfalt entsprechen** und dazu geeignet sind, die Fähigkeit des Verbrauchers, sich auf Grund von Informationen zu entscheiden, spürbar zu beeinträchtigen und ihn damit zu einer geschäftlichen Entscheidung zu veranlassen, die er andernfalls nicht getroffen hätte". Welche Auswirkungen diese Änderung auf die Immobilienwirtschaft hat, lässt sich noch nicht abschätzen.

Als stets unzulässige geschäftliche Handlungen gelten die im Anhang zum UWG aufgeführten Verhaltensweisen.

Irreführende geschäftliche Handlungen durch aktives Tun

Der frühere „Schutz vor irreführender Werbung" durch den alten § 5 UWG wurde im Zuge der Reform auf den Schutz vor „geschäftlichen Handlungen" erweitert. Im neuen § 5 UWG sind die Irreführungstatbestände aufgeführt, die immer durch ein aktives Tun erfüllt werden. Irreführend ist eine „geschäftliche Handlung" immer dann, wenn sie unwahre Angaben oder sonstige zur Täuschung geeignete Angaben enthält.

Irreführung durch Unterlassen

§ 5a UWG enthält dann die Erweiterung des Schutzes vor Irreführung durch Unterlassen. Das war früher durch die Rechtsprechung geregelt. Jetzt kommt es darauf an, ob das Verschweigen einer Tatsache/Information eine Bedeutung für eine geschäftliche Entscheidung hat oder zur Beeinflussung für eine Entscheidung geeignet ist. Nach dem neuen UWG handelt derjenige unlauter, der „die Entscheidungsfähigkeit der Verbraucher dadurch beeinflusst, dass er eine wesentliche Information vorenthält, die im konkreten Fall unter Berücksichtigung aller Umstände einschließlich der Beschränkungen des Kommunikationsmittel wesentlich ist".

Es müssen also immer alle wesentlichen Informationen an den Verbraucher weitergegeben werden, wobei der Umfang dieser Information auch mit durch das Kommunikationsmittel bestimmt wird. Das bedeutet z. B. eine geringere Informationsdichte in der Zeitungsanzeige ist zulässig, aber im Internet müssen wesentlich genauere und umfangreichere Informationen erteilt werden. Welche Informationen das aber konkret sind, ist einem (nicht abschließenden) Katalog des Absatzes 3 zu entnehmen. Diese wesentlichen Informationen muss der Unternehmer ungefragt mitteilen. Im Einzelnen sind dies:

- alle wesentlichen Merkmale der Ware oder Dienstleistung in dem dieser und dem verwendeten Kommunikationsmittel angemessenen Umfang,
- die Identität und Anschrift des Unternehmers, gegebenenfalls die Identität und Anschrift des Unternehmers, für den er handelt,
- der Endpreis oder in Fällen, in denen ein solcher Preis auf Grund der Beschaffenheit der Ware oder Dienstleistung nicht im Voraus berechnet werden kann, die Art der Preisberechnung, …
- Zahlungs-, Liefer- und Leistungsbedingungen sowie Verfahren zum Umgang mit Beschwerden, soweit sie von Erfordernissen der fachlichen Sorgfalt abweichen.

Zum Beispiel müssen nachteilige Eigenschaften einer Immobilie genannt werden, wenn es eine entsprechende Aufklärungspflicht gibt. Im Immobilienbereich regelt die MaBV in §§ 10, 11 die Informationspflichten des Maklers. So müsste wahrscheinlich ein Altlastenverdacht noch nicht in der Zeitungswerbung oder in einem Kurzexposé genannt werden, aber im ausführlichen Exposé muss sicher darauf hingewiesen werden.

Die deutliche Ausweitung der Informationspflichten aus der Umsetzung von EU-Richtlinien ist dafür ein Beispiel. Die Aufklärungspflichten zum neuen Widerrufsrecht seit dem 13. Juni 2014 und die Pflichtangaben durch die EnEV 2014 haben zu einer großen Zahl von Abmahnungen geführt.

So kann der fehlende Hinweis auf Mieter mit größerem Mietrückstand oder laufende Gerichtsverfahren wegen Mietminderungen möglicherweise solche wesentliche Informationen bei Anlageobjekten sein. Die Rechtsprechung hat z. B. schon vor rund

30 Jahren den fehlenden Hinweis auf eine Vermietung bei einer Eigentumswohnung als Irreführung gesehen. Vergleichbare Informationen sind jetzt mit dem neuen § 5a verstärkt im Blickfeld der Wettbewerbshüter.

Das Verbraucherleitbild

Bei der Frage, welcher Verbraucher überhaupt im UWG gemeint ist, kommt das sogenannte Verbraucherleitbild ins Spiel. Dieses hat sich durch die vom EUGH erzwungene Änderung deutlich zum positiven gewandelt. Ging man früher noch vom „dummen Verbraucher" aus, der sich unkritisch auf jedes Angebot stürzte, so wird jetzt durch die Rechtsprechung ein wesentlich differenzierteres Verbraucherleitbild benutzt. Dieses findet man auch im Gesetz:

> „Dabei ist auf den durchschnittlichen Verbraucher oder, wenn sich die geschäftliche Handlung an eine bestimmte Gruppe von Verbrauchern wendet, auf ein durchschnittliches Mitglied dieser Gruppe abzustellen. Auf die Sicht eines durchschnittlichen Mitglieds einer auf Grund von geistigen oder körperlichen Gebrechen, Alter oder Leichtgläubigkeit besonders schutzbedürftigen und eindeutig identifizierbaren Gruppe von Verbrauchern ist abzustellen, wenn für den Unternehmer vorhersehbar ist, dass seine geschäftliche Handlung nur diese Gruppe betrifft."

Der in der Vergangenheit von der Rechtssprechung entwickelte „mündige" Verbraucher hat jetzt direkt den Weg in das UWG gefunden. Was der Verbraucher aber hätte erkennen oder wissen müssen, ist aber immer eine Frage des Einzelfalls. Die Tendenz in der Rechtsprechung – aber vor allem auch durch die Verstärkung des Verbraucherschutzes aus der EU – geht immer mehr von diesem Verbraucherleitbild weg und wieder mehr zum „dummen und unmündigen Verbraucher".

Die „Schwarze Liste"

Eine weitere wichtige Änderung brachte der Anhang zu § 3 UWG. Dies ist eine nicht unbedingt in sich schlüssige Liste von „30 Todsünden" als praktisch immer unzulässige Handlungen.

Hier einige den Immobilienbereich tangierende unzulässige Handlungen:

- die Verwendung von Gütezeichen, Qualitätskennzeichen oder Ähnlichem ohne die erforderliche Genehmigung;
- Lockangebote [...]
- die unwahre Angabe, bestimmte Waren oder Dienstleistungen seien allgemein oder zu bestimmten Bedingungen nur für einen sehr begrenzten Zeitraum verfügbar, um den Verbraucher zu einer sofortigen geschäftlichen Entscheidung zu veranlassen, ohne dass dieser Zeit und Gelegenheit hat, sich auf Grund von Informationen zu entscheiden;

- als Information getarnte Werbung
- Angstwerbung;
- das Angebot einer Ware oder Dienstleistung als „gratis", „umsonst", „kostenfrei" oder dergleichen, wenn hierfür gleichwohl Kosten zu tragen sind; [...]
- bei persönlichem Aufsuchen in der Wohnung die Nichtbeachtung einer Aufforderung des Besuchten, diese zu verlassen oder nicht zu ihr zurückzukehren, es sein denn, der Besuch ist zur rechtmäßigen Durchsetzung einer vertraglichen Verpflichtung gerechtfertigt;

Was bedeutet dies für die tägliche Arbeit

Das UWG beinhaltet im Vergleich zu seinem Vorgänger viele versteckte Fallstricke. Besonders diese Punkte können problematisch werden:

Die Erweiterung des Anwendungsbereichs des UWG auf nachvertragliche Handlungen, kann dazu führen, dass Regelungen in AGB, auch wenn sie erst nach Vertragsabschluss wirken, nun wettbewerbswidrig sein.

Problematischer ist die drastische Verschärfung der Informationspflichten des Unternehmers je nach Werbemedium geworden. Die in § 5a Abs. 3 UWG genannten wesentlichen Informationen, müssen immer angegeben werden. Ein Unterlassen ist stets wettbewerbswidrig und kann von Mitbewerbern mit einer Abmahnung geahndet werden. Insofern ist die Angst vor Abmahnungen berechtigt.

Noch dramatischer als die Informationspflichten aus Absatz 3 sind die Pflichten aus § 5a Abs. 4 UWG. Danach sind alle Informationen anzugeben, die „dem Verbraucher aufgrund EU-rechtlicher Verordnungen oder nach Rechtsvorschriften zur Umsetzung gemeinschaftsrechtlicher Richtlinien für kommerzielle Kommunikation einschließlich Werbung und Marketing nicht vorenthalten werden dürfen." Damit dürften auch kleinste Fehler z.B. im Impressum die Abmahner auf den Plan rufen. Die bisherige Bagatellrechtsprechung zu manchen Verstößen gegen die sogenannte Impressumspflicht – aber auch gegen die Preisangabenverordnung – ist hinfällig geworden.

Quintessenz und Politische Forderungen

Das UWG hat teilweise grundlegend neue Akzente gesetzt. Es hat, neben der jetzt gesetzlichen Regelung für manche Sachverhalte, neue Problemfelder aufgetan. Diese werden durch die Rechtsprechung in den nächsten Jahren zu schließen sein.

Die Immobilienwirtschaft wird weitgehend zwar werben dürfen wie in der Vergangenheit. Aber durch die Stärkung der Verbraucherrechte kann in einigen Bereichen eine Verschärfung der Rechtsprechung drohen.

In der 8. Auflage war die Frage gestellt worden „ob Anwälte die gesetzliche Kostentragungspflicht aus § 12 UWG ausnutzen werden und wie die Rechtsprechung den alten – aber weitgehend vergessenen – Rechtsgrundsatz des BGH anwenden wird“. Leider sind die Befürchtungen, dass auch das UWG von 2004 zur sprudelnden Einnahmequelle für manche Juristen wird, doch eingetreten. Massenabmahnaktion mit mehreren tausend Abmahnungen an einem Tag oder innerhalb weniger Tage sind dank der modernen Bürotechnik und dem Auffinden von „Verstößen“ im Internet keine Seltenheit. Hier hinkt das Recht den Gegebenheiten immer noch meilenweit hinterher.

Die Politik ist deshalb weiter aufgerufen sich mit den nachfolgenden Forderungen zu beschäftigen und nach Lösungen suchen. 2016 stehen wieder Änderungen im UWG an. Die Wirtschaft – und nicht nur die Immobilienwirtschaft – erwartet hier eine Entlastung:

Die Missbrauchsfälle sind a) in der Möglichkeit des Geldverdienens und b) in der bewussten Behinderung von Mitbewerbern zu sehen. Aus über dreißig jähriger Tätigkeit im Bereich des Wettbewerbsrechts und der Auswertung von über 20.000 Abmahnungen bleiben meine Forderungen gleich:

1. Die Klagebefugnis muss immer bei der Abmahnung oder in gerichtlichen Verfahren mit überprüfbaren Unterlagen belegt werden. Bei Verfügungsverfahren muss die Glaubhaftmachung der Mitbewerbereigenschaft durch entsprechende Unterlagen dargelegt werden. Bei Mitbewerbern könnten das z. B. neben der Gewerbeanmeldung und gegebenenfalls einer Gewerbeerlaubnis, die letzten 2 Umsatzsteueranmeldungen, vom Steuerberater bestätigte Umsatzzahlen und einige aktuelle Kopien von Wareneinkaufsrechnungen sein. Bei Vereinen muss das z.B. die Übersendung einer nachprüfbaren Mitgliederliste und der GuV bzw. Bilanz der letzten zwei Jahre und die entsprechenden Haushaltspläne und Tätigkeitsberichte mit Aussagen zur Verfolgungstätigkeit sein.

2. Einschränkung beim „fliegenden Gerichtsstand“. Es ist zu beobachten, dass in bekannten Missbrauchsfällen häufig weit entfernte Gerichte bemüht werden. Abgemahnten werden damit zusätzliche Kosten bei Gerichtsverfahren aufgebürdet. Bei einem Geschäftssitz im Inland dürfte – wie bei den klagebefugten Verbänden – nur am zuständigen Gericht für den Geschäftssitz des Abgemahnten geklagt werden. Diese Änderung des UWG 1994 hat damals zu einer deutlichen Bereinigung der Vereinslandschaft geführt und könnte auch jetzt den gleichen Effekt bei „Mitbewerbern“ bringen.

3. Den Gerichten müssen in einstweiligen Verfügungsverfahren die überprüfbaren Unterlagen zur Klagebefugnis bei Antragstellung mit übermittelt werden und auch von ihnen gewürdigt werden. Es muss weiter sichergestellt werden, dass die Verfügungsanträge mit sämtlichen Anlagen dem Verfügungsbeklagten vom Gericht, bzw. bei der Zustellung der einstweiligen Verfügung, mit übersandt werden.

4. Dem Abgemahnten muss ein Kostenerstattungsanspruch zugestanden werden wenn die Abmahnung nicht berechtigt war. Es kann nicht sein, dass die Abwehr einer Abmahnung zum „Geschäfts-/Lebensrisiko“ zählt und deshalb ohne Kostenersatz erfolgen soll. Hier herrscht keine „Waffengleichheit“, es muss das gleiche gelten wie bei der unberechtigten Schutzrechtsverwarnung. Es sollte eine Haftung für den Kostenerstattungsanspruch durch den eingeschalteten Anwalt erfolgen, wenn die abmahnende Firma Kostenerstattungsansprüche nicht ausgleichen kann und der Anwalt dies hätte wissen können.

5. Bei zahlreichen gleichlautenden Abmahnungen für einen Mandanten muss die Gebührenforderung des Anwalts über das RVG begrenzt werden. Es kann nicht angehen, dass gleichlautende „Serienschreiben“ mit einer 1,3 fachen Gebühr zu erstatten sind. Die Gegenstandswerte/Streitwerte müssten nach Firmengröße gestaffelt werden. Viele Gewerbetreibende trauen sich nicht, gegen Abmahnungen wegen des hohen Kostenrisikos vorzugehen. Die Gegenstands-/Streitwerte und auch die Vertragsstrafenhöhen bedrohen viele Gewerbetreibende in ihrer Existenz. Die Vertragsstrafenforderungen haben sich mit der Euroumstellung praktisch verdoppelt. Ähnliches gilt für die Rechtsanwaltsgebühren durch die Änderungen des RVG für die Abmahnkosten.

6. Besonders bei Urheberrechtsverstößen ist die Höhe des geforderten Schadensersatzes zu überprüfen. Die „Lizenzgebühren“ sind häufig künstlich überteuert. Dies ist besonders im Bereich der Abmahnungen bei der Nutzung von Fotos aus den diversen „Stock-Fotodatenbanken“ feststellbar

7. Es sollte bei Wirtschafts- und/oder Verbraucherverbänden die Möglichkeit geschaffen werden, eine Datenbank über Abmahner und Abmahnungen zu führen. Nur so lassen sich die erforderlichen Informationen zu möglichen Missbrauchsfällen schnell und sicher beschaffen. Heute gibt es datenschutzrechtliche Probleme und keinerlei Kompetenzen. Der DIHK, die Wettbewerbszentrale und die Verbraucherzentrale Bundesverband wären dafür geeignete Institutionen.

2. Immobilien im Internet

Gesetze und besondere Probleme

Die üblichen Gesetze

Für die Inhalte der eigenen Homepage gelten dieselben Regeln wie für die Werbung allgemein. Es sind die üblichen Gesetze und Verordnungen einzuhalten, also z. B. die PAngV, das WoVermRG, das TMG, die EnEV 2014, das UrhG und die anderen Gesetze (s. Aufstellung unter 3).

Die besonderen Gesetze

Das Telemediengesetz TMG

Es gibt aber auch einige besondere gesetzliche Regelungen die beachtet werden müssen. So schreibt das **Telemediengesetz** in § 5 vor, dass der Anbieter seinen Namen, Anschrift und gegebenenfalls Vertretungsberechtigte nennen **muss**, weitere Pflichtangaben – wie beim Briefbogen, Fax oder E-Mail – sind die vollständigen Handelsregisterangaben, E-Mail-Adresse sowie Telefon- und Faxnummer. Weiter muss die Aufsichtsbehörde (MaBV/§ 34c GewO) genannt werden. Diese Angaben sollten auf einer Seite zusammengefasst werden, die über einen ständig und gut sichtbaren Link/Button in der Navigationsleiste von jeder Seite dann direkt aufrufbar ist. Diese Angaben müssen auch in den Immobilienportalen gemacht werden.

Pflichtangaben auf der Homepage und in den Immobilienportalen gemäß TMG

Seit März 2007 gilt der § 5 Telemediengesetz TMG (früher § 6 TDG). Viele Firmen weisen dabei auch noch immer auf das alte TDG und § 6 hin, richtig ist aber jetzt der „§ 5 TMG Telemediengesetz". Das dürfte zwar kaum für eine Abmahnung reichen, eine Änderung deutet aber auf eine besondere Aktualität hin und könnte die Abmahngefahr senken. Demnach sind bestimmte Informationen über die Identität des Seitenbetreiber/Telediensteanbieter erforderlich. Diese müssen – wie der BGH in einer Entscheidung (BGH vom 20.07.2006, Az. I ZR 228/03) aus dem Sommer 2006 klarstellt – nicht gleich auf der Eingangsseite stehen oder auf allen Seiten sichtbar sein. Es reicht demnach, wenn Sie über einen Link von jeder Seite aus aufrufbar sind. Dieser Link sollte möglicht gut sichtbar in der Navigationsleiste untergebracht werden und nicht erst nach scrollen des Bildschirminhalts am unteren Bildschirmrand auftauchen, so das OLG Frankfurt vom

04.12.2008 6,Az. U 187/07. Das Gesetz fordert – **leicht erkennbar, unmittelbar erreichbar und ständig verfügbar** – die nachfolgenden Angaben auf der Homepage:

1. Namen und **Anschrift**, bei **juristischen Personen Rechtsform** und **Vertretungsberechtigte**

Beispiel 1: Der Makler Max Muster (Gewerbetreibender, nicht im Handelsregister eingetragen) muss Max Muster als Namen und Immobilien als Hinweis auf das ausgeübte Gewerbe verwenden.

Beispiel 2: Muster Immobilien GmbH muss neben dem Namen Muster Immobilien GmbH auch den oder die Geschäftsführer namentlich nennen und die Angaben zum Handelsregister (s. u.).

2. Angaben, die eine schnelle **elektronische Kontaktaufnahme** und **unmittelbare Kommunikation** ermöglichen, **einschließlich** der **Adresse der elektronischen Post**

Das sind Telefon- und Faxnummer und die E-Mail-Adresse

3. Angaben zur **zuständigen Aufsichtsbehörde**, soweit der Teledienst im Rahmen einer **Tätigkeit** angeboten oder erbracht wird, die der **behördlichen Zulassung bedarf**

Damit sind Angaben zur Aufsichtsbehörde (unterschiedliche Namen je nach Bundesland: Ordnungs-, Gewerbe- oder Wirtschaftsamt, aber auch noch andere Bezeichnungen) nach § 16 MaBV und § 34c GewO gemeint, eine Angabe könnte so aussehen:

Beispiel: Aufsichtsbehörde (§ 16 MaBV/§ 34c GewO): Stadt Köln, Ordnungsamt, PF 22222, 12345 Köln

Es muss immer die aktuell zuständige Behörde angegeben werden. Nach einem Umzug in einen anderen Ort oder Kreis ist dann nicht mehr die alte Aufsichtsbehörde, die mal die Genehmigung erteilt hat anzugeben, sondern die Behörde, die am neuen Geschäftssitz eine Gewerbeerlaubnis erteilen müsste. Ob die Adresse angegeben werden muss ist strittig, ein Urteil ist nicht bekannt, schadet aber nicht.

4. Angaben zum **Handelsregister** und die **Registernummer**

Beispiel: AG Köln, HRB 12345

5. Umsatzsteueridentifikationsnummer (falls vorhanden)

Beispiel: USt-IDNR: DE 123456789

Firmen bekommen für den grenzüberschreitenden Waren- und Dienstleistungsverkehr auf Antrag die Umsatzsteueridentifikationsnummer, es ist also **nicht** die normale Steuernummer des Gewerbebetriebes beim Finanzamt.

Diese **Pflichtangaben** fasst man am Besten auf einer Seite zusammen die über einen auf jeder Seite anklickbaren **Button/Link** (z.B. in der Navigationsleiste) erreichbar ist. Bezeichnet werden sollte dieser mit einer der folgenden Begriffe:

Impressum/Kontakt/Pflichtangaben § 5 TMG/Wir über uns

Es ist also nicht erforderlich, dass diese Angaben ständig sichtbar sind, **der Leser muss sie nur immer erreichen, leicht finden und gut lesen können.**

Sollten die erforderlichen Angaben noch nicht auf der Homepage sein, sollte dies umgehend geändert werden. Beispiele für den notwendigen Inhalt finden Sie auch in der Übersicht im Teil 6.

Pflichtangaben im Geschäftsverkehr

Seit dem 1. Januar 2007 gilt das Gesetz über elektronische Handels- und Genossenschaftsregister sowie Unternehmensregister. Dieses stellt klar, dass die auch bisher im geschäftlichen Verkehr erforderlichen Angaben auf Geschäftsbriefen auch im Fax- und E-Mailverkehr gelten. Das was das Impressum für die Homepage ist, ist die „Signatur" für die E-Mail oder das Fax. Die speziellen Angaben sind z.B. in der GewO, HGB, GmbHG oder dem Aktiengesetz festgelegt. So muss der Gewerbetreibende neben seinem Hausnamen mindestens mit einem ausgeschriebenen Vornamen und der vollständigen Anschrift des Gewerbebetriebs benutzen. Für die Firmen mit einer Eintragung im Handelsregister kommen die Angaben zum Handelsregister dazu und die Kapitalgesellschaften müssen zusätzlich die Vertretungsberechtigten nennen. Ausgenommen von diesen Pflichten sind nur interne Rundschreiben und Mitteilungen. Nicht erforderlich sind die Angaben zur Aufsichtsbehörde oder die Umsatzsteueridentnummer.

BGB Fernabsatzrechtliche Regeln

Noch weiter gehen die Regelungen im BGB (§§ 312b - 312f, ehemals Gesetz über Fernabsatzverträge und andere Fragen des Verbraucherrechts). Neben den Identitätsangaben werden Angaben verlangt, wann ein Vertrag zustande kommt und ein Hinweis auf das Widerrufsrecht. Dies kann beim Vertragsabschluss (Maklervertrag) eine Rolle spielen, wenn der Kontakt nur über die Homepage oder nur per Telefon zustande kommt und kein schriftlicher Vertrag mit den Kunden gemacht wird, sondern nur ein Vertragsabschluss durch konkludentes Handeln zustande kommt.

Besondere Probleme

Urheberrecht an Stadtplänen, Landkarten, Fotos und Texte

Ein weiteres Problem stellen Urheberrechtsverstöße dar. Zur Lagebeschreibung einer Immobilie verwenden Firmen auf der Homepage oder für Exposés einen Stadtplanausschnitt und Fotos. Diese stammen häufig aus Angeboten im Internet, z.B. von Stadtplanverlagen oder Fotodatenbanken. Manche Firmen scannen aber auch Stadtpläne ein und stellen diese Kartenausschnitte dann ins Internet. Das Problem dabei ist, dass diese Karten oder Bilder nicht kostenfrei zu nutzen sind, sondern dem Urheberschutz unterliegen. Die Nutzung solcher urheberrechtlich geschützter Werke erfordert den Abschluss einer Lizenzvereinbarung mit dem jeweiligen Verlag und damit die Zahlung einer Lizenzgebühr. Bei den Fotodatenbanken sind z.B. die jeweils unterschiedlichen Nutzungsbedingen zu beachten. Diese verlangen in unterschiedlicher Weise die Nennung des Fotografen und der Bilddatenbank

In den letzten Jahren haben die Abmahnungen wegen dieser Verstöße gegen das Urheberrecht stark zugenommen. Von rund 16.500 ausgewerteten Abmahnungen aus dem Bereich „Internet" betrafen rund 17 % Urheberrechtsverstöße (Stand Juli 2015). Dabei geht es schnell um Beträge von einigen tausend Euro Lizenzgebühr und Abmahnkosten. Die höchste Forderung gegen eine Immobilienfirma belief sich auf rund 53.000 Euro. Alle Firmen sollten deshalb umgehend solche unlizensierten Karten aus dem Internetauftritt der Firma dauerhaft entfernen – also die Dateien löschen – und auch Archivseiten nicht vergessen. Im Internet sind solche Dateien leicht zu finden. Dazu gehören auch entsprechende Archivseiten. Das Löschen sollte nachvollziehbar dokumentiert werden. Kommt dann doch eine Abmahnung hat man zumindest bessere Chancen bei der Abwehr solcher Ansprüche.

Um es deutlich zu sagen, die unberechtigte Nutzung solcher Stadtpläne oder Landkarten ist ein klarer Verstoß gegen das Urheberrecht und deshalb auch verfolgbar. Die Abmahnungen sind deshalb prinzipiell berechtigt. Die Frage ist aber, ob es auf diesem Weg sein muss. Die Verlage sind – wie einige zeigen – in der Lage selber entsprechende Abmahnungen zu fertigen und Lizenzverträge und Gebühren einzufordern. Inwieweit dann aber die Einschaltung von Anwälten mit teilweise sehr hohen Kostenforderungen erforderlich sind, ist in der Rechtsprechung umstritten. Das OLG Düsseldorf hat in einem vergleichbaren Fall gegen die Zahlung von Anwaltsgebühren entschieden (OLG Düsseldorf -20 U 194/00 vom 20.02.2001).

Diese Verstöße gibt es nicht nur für Stadtpläne, Kartenausschnitten oder Luftbildern von Google, sondern auch für fremde Fotos oder Texte, die für die eigene Homepage gerne übernommen werden. Das Medium Internet verlangt umfangreiche Informationen und da nicht jeder ein guter Texter oder Fotograf ist, versucht man die entsprechenden Inhalte woanders zu finden. Auch dies ist im Internet problemlos machbar, aber mit den bekannten Folgen. Eine unberechtigte Nutzung zieht häufig eine berechtigte Abmahnung nach sich.

Es muss immer mit dem Urheber bzw. Rechteinhaber Kontakt aufgenommen und Vereinbarungen über eine Nutzung getroffen werden. In Fotodatenbanken sind die entsprechenden Nutzungsbedingungen zu beachten. Leider sind diese häufig nicht leicht zu finden und dann auch noch sehr unterschiedlich. Unterbleibt dies, liegt ein Urheberrechtsverstoß vor und die Folgen daraus können sehr teuer sein. Häufig ist mit solchen Verstößen die Zahlung von vier- bis fünfstelligen Beträgen fällig. Urheberrechtsverstöße können in bestimmten Fällen auch strafrechtlich relevant sein.

Immobilien in anderen Datenbanken/Immobilienportalen

Fast alle Firmen nutzen die Dienste von Immobilienportalen, ImmobilienScout24, Immonet, IVD-Datenbank, Immowelt, Immopool oder andere. Auch hier ist wichtig, dass die wettbewerbsrechtlichen Regeln eingehalten werden. Nicht immer sind die Datenbanken fehlerfrei. So kann z.B. bei Mietwohnungsangeboten beim einzelnen Objekt der Hinweis auf die Betriebskosten bei der Miete vorhanden sein, bei der Übersichtsliste aber fehlen, und schon ist ein wettbewerbswidriger Inhalt entstanden. Teilweise werden die erforderlichen Angaben für das Impressum nicht übertragen und es ist auf der anderen Datenbank dann kein, oder nur ein unvollständiges Impressum vorhanden. Hier muss der Gewerbetreibende die Datenbank genau prüfen und schriftlich auf Änderungen bestehen. Kann oder will der Datenbankbetreiber die erforderliche Änderung nicht machen, sollte man von der Einstellung der Objekte absehen, da sonst schnell eine Abmahnung ins Haus kommt.

Besondere Probleme im Internet

Fehler im Internet lassen sich mit Suchmaschinen leicht finden. Es gibt zahlreiche Beispiele für Massenabmahnungen über das Internet aus den letzten Jahren. Eine Zeitung musste der Abmahner noch aufwendig lesen, im Internet wird ihm diese Arbeit durch Suchmaschinen oder spezielle Programme abgenommen. Deshalb sind ohne Arbeitsaufwand problemlos große Abmahnaktionen durchführbar. Aus diesem Grund ist im Internet besondere Vorsicht angebracht.

Aber es gibt weitere Probleme. Die Seiten werden – technisch bedingt – mehrfach auf verschiedenen Servern abgelegt, dies geschieht automatisch ohne Einflussmöglichkeiten. Sie können deshalb nicht sicher sein, dass die Änderungen – nach Feststellung eines Fehlers – kurzfristig überall wirksam sind. Auf so genannten Archivseiten bei Suchmaschinen ist der alte Inhalt für eine Weile noch abrufbar.

Es sind z.B. auch Seiten – also Dateien – über die Eingabe der speziellen URL (Dateiname) aufrufbar, die noch auf dem Server sind, statt tatsächlich nach einer Abmahnung gelöscht worden zu sein. Ist die wettbewerbswidrige Datei noch vorhanden, kann nach Abgabe einer Unterlassungserklärung dann eine Vertragsstrafe fällig werden. Dies obwohl sie davon ausgegangen sind, dass dieser fehlerhafte Inhalt im Netz nicht mehr „körperlich" existent ist. Solche Fälle häufen sich in der letzten Zeit besonders bei Urheberrechtsverstößen, also Stadtplanausschnitten und Fotos. So muss man z.B. ausdrücklich auch bei Google die Inhalte im Cache löschen lassen, so neue Rechtsprechung aus 2014/15.

Bisher hat der Gesetzgeber nicht oder nur unzulänglich auf diese Probleme reagiert. Es ist deshalb wichtig, dass der Gewerbetreibende selber solche Probleme erkennt und behebt.

Wichtig ist, dass der Gewerbetreibende immer auf dem aktuellen gesetzlichen Stand ist. Im Internet finden sich immer die neuen Gesetze, die Berufsverbände und die Industrie- und Handelskammern weisen auf Gesetzesänderungen hin, die Umsetzung muss dann aber der Gewerbetreibende bei seinem Webmaster veranlassen. Es gilt das gleiche wie bei den Printmedien, veranlassen Sie erforderliche Änderungen schriftlich und kontrollieren Sie das Ergebnis.

Dienstleistungs-Informationspflichten-Verordnung – DL-InfoV

Die DL-InfoV verlangt vom „Dienstleister" ab dem 17. Mai 2010 allen Kunden bestimmte Informationen vor einem Vertragsschluss mitzuteilen bzw. dem Kunden die Möglichkeit zur Kenntnisnahme zu geben. Ein Verstoß gegen die Informationspflichten wäre gemäß §§ 4 Nr. 11 und 5a Abs. 4 UWG abmahnbar. Der Gesetzgeber ermöglicht dem Dienstleister die erforderlichen Informationen auf vier verschiedenen Wegen – teilweise „gefährlichen" und teilweise ungefährlichen – dem Kunden zukommen zu lassen.

Pflichtangaben des Maklers oder Bauträgers

Folgende Informationen muss – soweit sie einschlägig sind – der Gewerbetreibende dem Kunden mitteilen:

1. Seinen Familien- und Vornamen, bei rechtsfähigen Personengesellschaften und juristischen Personen die Firma unter Angabe der Rechtsform,
2. die Anschrift seiner Niederlassung oder, sofern keine Niederlassung besteht, eine ladungsfähige Anschrift sowie weitere Angaben, die es dem Dienstleistungsempfänger ermöglichen, schnell und unmittelbar mit ihm in Kontakt zu treten, insbesondere eine Telefonnummer und eine E-Mail-Adresse oder Faxnummer,
3. falls er in ein solches eingetragen ist, das Handelsregister unter Angabe des Registergerichts und der Registernummer,
4. bei erlaubnispflichtigen Tätigkeiten Name und Anschrift der zuständigen Behörde oder der einheitlichen Stelle,
5. falls er eine Umsatzsteuer-Identifikationsnummer nach § 27a des Umsatzsteuergesetzes besitzt, die Nummer,

6. die von ihm gegebenenfalls verwendeten allgemeinen Geschäftsbedingungen,
7. von ihm gegebenenfalls verwendete Vertragsklauseln über das auf den Vertrag anwendbare Recht oder über den Gerichtsstand,
8. falls eine Berufshaftpflichtversicherung besteht, Angaben zu dieser, insbesondere den Namen und die Anschrift des Versicherers und den räumlichen Geltungsbereich.

Pflichtangaben des Hausverwalters ohne Genehmigung nach § 34c GewO

Folgende Informationen muss – soweit sie einschlägig sind – der Gewerbetreibende dem Kunden mitteilen:

1. Seinen Familien- und Vornamen, bei rechtsfähigen Personengesellschaften und juristischen Personen die Firma unter Angabe der Rechtsform,
2. die Anschrift seiner Niederlassung oder, sofern keine Niederlassung besteht, eine ladungsfähige Anschrift sowie weitere Angaben, die es dem Dienstleistungsempfänger ermöglichen, schnell und unmittelbar mit ihm in Kontakt zu treten, insbesondere eine Telefonnummer und eine E-Mail-Adresse oder Faxnummer,
3. falls er in ein solches eingetragen ist, das Handelsregister unter Angabe des Registergerichts und der Registernummer,
4. falls er eine Umsatzsteuer-Identifikationsnummer nach § 27a des Umsatzsteuergesetzes besitzt, die Nummer,
5. die von ihm gegebenenfalls verwendeten allgemeinen Geschäftsbedingungen,
6. von ihm gegebenenfalls verwendete Vertragsklauseln über das auf den Vertrag anwendbare Recht oder über den Gerichtsstand,
7. falls eine Berufshaftpflichtversicherung besteht, Angaben zu dieser, insbesondere den Namen und die Anschrift des Versicherers und den räumlichen Geltungsbereich.

Die vier möglichen Informationswege

Der Dienstleistungserbringer kann die Informationen wahlweise

1. dem Dienstleistungsempfänger direkt nach dem Erstkontakt mitteilen,
2. am Ort der Leistungserbringung oder des Vertragsschlusses so vorzuhalten, dass sie dem Dienstleistungsempfänger leicht zugänglich sind,
3. dem Dienstleistungsempfänger über eine von ihm angegebene Adresse elektronisch leicht zugänglich zu machen oder
4. in alle von ihm dem Dienstleistungsempfänger zur Verfügung gestellten ausführlichen Informationsunterlagen über die angebotene Dienstleistung aufzunehmen.

Besonders zu empfehlen ist die Bereithaltung als Aushang im Geschäftslokal. Problematisch ist die Bereithaltung im Internet, da z.B. Fehler in den Allgemeinen Geschäftsbedingungen leicht gefunden und abgemahnt werden können. Alternativ zum Aushang in den Geschäftsräumen bleibt die Übersendung auf dem Postweg.

Energieeinsparverordnung EnEV 2014

Die Werbung für Immobilien ist 2014 komplizierter geworden. Am 1. Mai 2014 ist die EnEV 2014 in Kraft getreten und diese verlangt seit dem in der Werbung – soweit ein Energieausweis vorliegt – bestimmte Pflichtangaben aus dem Energieausweis. Das gilt nicht nur für Werbung im Internet, sondern generell, also auch für Zeitungs- oder Prospektwerbung. Auch Baustellenschilder und Schaufenster- und Schaukastenaushänge sind betroffen.

Weiter muss der Energieausweis bei Besichtigungen ausliegen und dem Käufer oder Mieter bei Abschluss des Kauf- oder Mietvertrages im Original oder in Kopie übergeben werden. Wird dies unterlassen stellt dies eine Ordnungswidrigkeit dar und kann beim Makler oder Verwalter auch noch abgemahnt werden. Der Verstoß gegen die Pflichtangaben der EnEV gilt als Irreführung durch Unterlassen (§ 5a UWG).

Immobilienanzeige müssen folgende Pflichtangaben enthalten:

1. die Art des Energieausweises: Energiebedarfsausweis oder Energieverbrauchsausweis im Sinne des § 17 Absatz 1 Satz 1,
2. den im Energieausweis genannten Wert des Endenergiebedarfs oder Endenergieverbrauchs für das Gebäude,
3. die im Energieausweis genannten wesentlichen Energieträger für die Heizung des Gebäudes,
4. bei Wohngebäuden das im Energieausweis genannte Baujahr und
5. bei Wohngebäuden die im Energieausweis genannte Energieeffizienzklasse.

Die Angaben in Zeitungen könnten für ein Wohngebäude so aussehen: Bedarfsausweis **BA**, Endenergiebedarf **85 kWh/m²a**, Energieträger Gas **G**, Baujahr **Bj. 2010**, Effizienzklasse **C (Fett mögliche Abkürzungen)**.

Da es kein amtliches Abkürzungsverzeichnis gibt, sollten Sie in Zeitungen ein eventuell vom Zeitungsverlag veröffentlichten Abkürzungsverzeichnis verwenden. Bei Werbung im Internet sollte man keine Abkürzungen verwenden. In den Immobilienportalen sind es teilweise vorgegebene Begriffe, die automatisch verwendet werden.

Wichtig für Makler, Verwalter oder Grundbesitz- oder Wohnungsgesellschaften:

1. Das Fehlen der Pflichtangaben in der Werbung ist seit dem 1. Mai 2015 auch eine Ordnungswidrigkeit, wird aber schon seit 2014 abgemahnt.
2. Der Energieausweis muss seit dem 1. Mai 2014 unaufgefordert bei Besichtigungen vorgelegt werden.
3. Die Nichtvorlage des Ausweises bei der Besichtigung ist schon seit dem 1. Mai 2014 eine Ordnungswidrigkeit.

Allerdings sind nicht bei allen Immobilien bei der Vermietung oder beim Verkauf Energieausweise erforderlich, dann entfallen natürlich auch die Pflichtangaben in der Werbung und die Auslagepflicht.

Kein Energieausweis ist u.a. bei den folgenden Immobilien erforderlich (§ 1 EnEV 2014):

- Gebäude, die nicht unter Einsatz von Energie geheizt oder gekühlt werden;
- Gebäude, die dem Gottesdienst oder anderen religiösen Zwecken gewidmet sind;
- Denkmalobjekte (nur in der Denkmalliste eingetragene Häuser);
- Noch nicht fertiggestellte Gebäude;
- Gebäude mit einer Gesamtfläche von < 50 m^2;
- Gebäude, die weniger als 4 Monate im Jahr genutzt oder weniger als 25 % des Energiebedarf bei ganzjähriger Nutzung benötigen;
- Gebäude zur Aufzucht von Tieren …

Was macht man aber, wenn der Eigentümer noch keinen Energieausweis hat? Es gibt kein Verbot der Werbung, aber es darf dann noch nicht besichtigt werden. Ob ein Hinweis auf das Nichtvorliegen erforderlich ist, ist umstritten. Vom Gesetzestext her ist kein Hinweis erforderlich, ein entsprechender Hinweis ist aber auch nicht schädlich.

In einem Gerichtsverfahren vor dem Landgericht Düsseldorf hat das Gericht gegen einen solchen Hinweis entschieden und sogar die Pflichten für Makler oder Verwalter verneint (LG Düsseldorf vom 8. 10. 2014, Az.: 12 = 167/14).

3. Die wichtigsten Gesetze und Bestimmungen

Das UWG

Im Teil 1 sind schon einige Ausführungen zum neuen UWG enthalten, hier soll jetzt etwas detaillierter auf das Gesetz und die Auswirkungen für die Immobilienwirtschaft beleuchtet werden. Die für den Immobilienbereich wichtigen Paragraphen sollen hier kurz vorgestellt werden. Da das neue UWG weitgehend eine Umsetzung der bisherigen und derzeitigen Rechtsprechung ist, wird es in vielen Bereichen keine großartigen Änderungen für die Immobilienwirtschaft geben, manche werden sich erst mit der Zeit durch eine geänderte Rechtsprechung ergeben.

§§ 1 – 6 UWG Allgemeine Bestimmungen

§ 1 Zweck des Gesetzes

Hier bestimmt der Gesetzgeber dass das UWG dem Schutz der Mitbewerber, Verbraucherinnen und Verbraucher und sonstiger Marktteilnehmer und der Allgemeinheit dient. Aus dem alten Schutzgesetz für den Gewerbetreibenden wird damit ein Schutzgesetz für alle gesellschaftlichen Gruppen.

§ 2 Definitionen

Das Gesetz enthält in § 2 Abs. 1 Definitionen, damit werden relativ genaue Vorgaben gemacht. Dies ist u.a. besonders im Immobereich für den Punkt 3 „Mitbewerber" relevant. Der z.B. nur lokal tätige Münchner Bauträger ist kein Mitbewerber eines lokal tätigen Hamburger Maklers und kann dann keine Unterlassungsansprüche aus dem UWG geltend machen. Das ist vielleicht die wichtigste Änderung des UWG für die Immobilienfirmen. Doch betrachten wir die Definitionen im Einzelnen:

1. **geschäftliche Handlung**: Jedes Verhalten einer Person zugunsten des eigenen oder eines fremden Unternehmens vor, bei oder nach einem Geschäftsabschluss, dass mit der Förderung des Absatzes oder des Bezugs von Waren oder Dienstleistungen oder mit dem Abschluss oder der Durchführung eines Vertrages über Waren oder Dienstleistungen objektiv zusammenhängt; als Waren gelten auch Grundstücke, als Dienstleistungen auch Rechte und Verpflichtungen;

2. **Marktteilnehmer**: Neben Mitbewerber und Verbraucher alle Personen, die als Anbieter oder Nachfrager von Waren oder Dienstleistungen tätig sind;
3. **Mitbewerber**: Jeder Unternehmer, der mit einem oder mehreren Unternehmern ... in einem konkreten Wettbewerbsverhältnis steht;
4. **Nachricht**: Jede Information, die zwischen einer endlichen Zahl von Beteiligten über einen öffentlich zugänglichen elektronischen Kommunikationsdienst ausgetauscht oder weitergeleitet wird ....
5. **Verhaltenskodex**: Vereinbarungen oder Vorschriften über das Verhalten von Unternehmen, zu welchem diese sich in Bezug auf Wirtschaftszweige oder einzelne geschäftliche Handlungen verpflichtet haben, ohne dass sich solche Verpflichtungen aus Gesetzes- oder Verwaltungsvorschriften ergeben;
6. **Unternehmer**: jede natürliche oder juristische Person, die geschäftliche Handlungen im Rahmen ihrer gewerblichen, handwerklichen oder beruflichen Tätigkeit vornimmt, und jede Person, die im Namen oder Auftrag einer solchen Person handelt;
7. **fachliche Sorgfalt**: der Standard an Fachkenntnissen und Sorgfalt, von dem billigerweise angenommen werden kann, dass ein Unternehmer ihn in seinem Tätigkeitsbereich gegenüber Verbrauchern nach Treu und Glauben unter Berücksichtigung der Marktgepflogenheiten einhält.

Zum Verbraucher wird dann im 2. Absatz einfach auf § 13 BGB verwiesen.

§ 3 Abs. 1 Verbot unlauterer geschäftlichen Handlungen (Generalklausel)

Der § 3 Abs. 1 UWG lautet:

„Unlautere geschäftliche Handlungen sind unzulässig, wenn sie geeignet sind, die Interessen von Mitbewerbern, Verbrauchern oder sonstigen Marktteilnehmern spürbar zu beeinträchtigen."

Dies ist die neu gefasste Generalklausel, sie erklärt unlautere geschäftlichen Handlungen für unzulässig. Unzulässig ist sie aber nur dann, wenn diese Handlung geeignet ist die Interessen spürbar zu beeinträchtigen. Das ist der „alte" Bagatellverstoß. Im Immobilienbereich hat der BGH z.B. manche Verstöße gegen die Preisangabenverordnung hier angesiedelt. Der fehlende Endpreis bei Nennung des m^2-Preises und der Größe eines Grundstücks wäre ein solcher Bagatellverstoß, der demnach nicht verfolgbar wäre. Problematisch ist aber die Nennung eines m^2-Preises für Eigentumswohnungen ohne Größenangaben um die Endpreise ermitteln zu können. Hier bleibt aber ein weiter Bereich den Richtern vorbehalten zu klären, was geeignet ist, zu einer spürbaren Beeinträchtigung von Interessen zu führen.

Der § 3 Abs. 2 UWG lautet:

„Geschäftliche Handlungen gegenüber Verbrauchern sind jedenfalls dann unzulässig, wenn sie nicht der für den Unternehmer geltenden fachlichen Sorgfalt entsprechen und dazu geeignet sind, die Fähigkeit des Verbrauchers sich auf Grund von Informationen zu entscheiden, spürbar zu beeinträchtigen und ihn damit zu einer geschäftlichen Entscheidung zu veranlassen, die er andernfalls nicht getroffen hätte. Dabei ist auf den durchschnittlichen Verbraucher oder, wenn sich die geschäftliche Handlung an eine bestimmte Gruppe von Verbrauchern wendet, auf ein durchschnittliches Mitglied dieser Gruppe abzustellen. Auf die Sicht eines durchschnittlichen Mitglieds einer auf Grund von geistigen oder körperlichen Gebrechen, Alter oder Leichtgläubigkeit besonders schutzbedürftigen und eindeutig identifizierbaren Gruppe von Verbrauchern ist abzustellen, wenn für den Unternehmer vorhersehbar ist, dass seine geschäftliche Handlung nur diese Gruppe betrifft."

Der § 3 Abs. 3 UWG lautet:

„Die im Anhang dieses Gesetzes aufgeführten geschäftlichen Handlungen gegenüber Verbrauchern sind stets unzulässig."

Hier wird auf die sog. „Schwarze Liste" aus der Richtlinie über unlautere Geschäftspraktiken (UGP Richtlinie) verwiesen. Sie enthält im UWG 30 verschiedene Tatbestände, die stets unlautere geschäftliche Handlungen darstellen. Für den Immobilienbereich könnten das schwerpunktmäßig die Nrn. 1, 2, 9, 11 und 23 sein.

§ 4 Beispiele unlauteren Wettbewerbs

Der Gesetzgeber hat mit einer katalogartigen Aufzählung Beispiele für unlautere geschäftliche Handlungen ins Gesetz aufgenommen. Die ersten 6 Punkte betreffen Beispiele wo Verbraucher direkt betroffen sind. Für den Immobilienbereich sind davon – wenn überhaupt – nur die Punkte 3 bis 6 relevant. Die Punkte 7 bis 11 betreffen das Verhalten gegenüber Mitbewerbern.

Bei Punkt 3 geht es hauptsächlich um das Verschleiern der Unternehmereigenschaft.

Bei Punkt 4 geht es z.B. um unklare Bedingungen für Preisnachlässe, Zugaben oder Geschenke. Damit sind z.B. Fälle gemeint, wo der Verbraucher ihm unbekannte Bedingungen zusätzlich erfüllen muss, um in den Genuss von Preisnachlass, Geschenk oder Zugabe zu kommen oder den Wert der Zugabe oder des Geschenks nicht so ohne weiteres feststellen kann. Wenn beim Kauf eines Hauses ein Auto als Zugabe gewährt wird, muss der jeweilige Einzelpreis leicht ermittelbar sein, ist er das nicht, läge ein Fall von unlauterem Wettbewerb vor. Auch ein kompliziertes Bonussystem statt eines festen Rabatts wäre ein solcher Fall.

Bei Punkt 5 geht es um Unklarheiten von Teilnahmebedingungen bei Preisausschreiben und Gewinnspielen. Ein Beispiel wäre das Verschweigen von wesentlichen Teilnahmebedingungen, z.B. ein nicht genannter Teilnahmeschluss.

Bei Punkt 6 geht es um die Koppelung von Preisausschreiben und dem Erwerb einer Ware. Ein Beispiel wäre ein Preisausschreiben eines Maklers zur Büroeröffnung wenn die Teilnahme aber vom Ankauf einer Immobilie abhängig wäre.

Bei Punkt 7 geht es um Rufschädigung (alle Häuser von Bauträger XY sind Bruchbuden), bei Punkt 8 um das Anschwärzen (Makler Z hat doch schon 3 Pleiten hingelegt), bei Punkt 9 um den so genannten „Ergänzenden Leistungsschutz", dazu zählt u. a. die Rufausbeutung (das imitierte Hufhaus oder die falsche Luxusmarkenuhr) und bei Punkt 10 um den Behinderungswettbewerb. Dazu zählt zum Beispiel das Abwerben von Mitarbeitern oder das Abfangen von Kunden.

Wichtiger wird aber – wie bisher im Immobilienbereich – der Punkt 11: „Unlauter handelt, wer einer gesetzlichen Vorschrift zuwider handelt, die auch dazu bestimmt ist, im Interesse der Marktteilnehmer das Marktverhalten zu regeln." Hierunter fallen zum Beispiel Verstöße gegen das Rechts- oder Steuerberatungsgesetz, aber auch Verstöße gegen die Sonn- und Feiertagsgesetze (Sonntagsarbeit), soweit nicht Ausnahmeregelungen, wie in den Bedarfsgewerbeverordnungen der Bundesländer, Sonntagsarbeit in begrenztem Umfang für den Immobilienbereich ausdrücklich zulassen. Aber auch Verstöße gegen die Preisangabenverordnung oder die MaBV sind hier einzuordnen.

§ 5 Irreführende geschäftliche Handlung und § 5a Irreführung durch Unterlassen

Der § 5 Irreführende geschäftliche Handlung lautet:

„Unlauter handelt, wer eine irreführende geschäftliche Handlung vornimmt. Eine geschäftliche Handlung ist irreführend, wenn sie unwahre Angaben enthält oder sonstige zur Täuschung geeignete Angaben über folgende Umstände enthält: ..."
Es folgt dann eine Aufzählung verschiedener Angaben.
Solche Angaben können z. B. sein:

- wesentliche Merkmale der Ware oder Dienstleistung wie Art, Ausführung, Vorteile, Risiken, Zusammensetzung, Zubehör, Zeitpunkt der Herstellung (Baujahr), Zwecktauglichkeit (Nutzungsmöglichkeit),
- Anlass des Verkaufs wie das Vorhandensein eines besonderen Preisvorteils, den Preis oder die Art und Weise, wie er berechnet wird,
- die Person, Eigenschaften oder Rechte des Unternehmers wie Identität, Vermögen einschließlich der Rechte des geistigen Eigentums, den Umfang von Verpflichtungen, Befähigung, Zulassung, Mitgliedschaften oder Beziehungen, Auszeichnungen oder Ehrungen, Beweggründe für die geschäftliche Handlung,
- Aussagen oder Symbole, die sich auf eine Zulassung des Unternehmers oder der Waren oder Dienstleistungen beziehen,
- die Einhaltung eines Verhaltenskodexes (Wettbewerbs- und Standesregeln), auf den sich der Unternehmer verbindlich verpflichtet hat, wenn er auf diese Bindung hinweist.

Eine Irreführend geschäftliche Handlung liegt immer vor, wenn von einem nicht ganz unbeachtlichen Teil der Angesprochenen die Aussagen missverstanden werden können. Maßgeblich ist immer der Eindruck, der bei den Angesprochenen entsteht und nicht was der so Werbende damit gemeint hat. Allerdings kommt es heute auf den verständigen, aufmerksamen und durchschnittlich informierten Verbraucher an und nicht mehr – wie in der Vergangenheit – auf den „dummen“ oder „flüchtig lesenden“ und „unwissenden“ Verbraucher. Allerdings scheint sich hier wieder das Rad zurück zu drehen, der Verbraucher wird immer mehr bevormundet.

Unzulässig sind alle unwahren Aussagen und wahre Aussagen, wenn Sie falsch verstanden werden können (ein klassischer Fall war die Sonder-AfA Werbung). Dies gilt auch für unvollständige Angaben, die für eine Entscheidung aber erforderlich sind (das ist z.B. die Werbung mit dem monatlichen Aufwand ohne Nennung aller Berechnungsgrundlagen) oder Werbung für Steuervorteile ohne weitere Ausführungen dazu..

Weiter gehören die Blickfangwerbung und die Werbung mit Selbstverständlichkeiten dazu. Ein solcher Blickfang könnte ein günstiger m²-Preis für eine Dachgeschosswohnung sein, während aber in der Anzeige nur mehrere Erdgeschosswohnungen mit Gartenanteil mit einem höheren m²-Preis angeboten werden ohne Hinweis auf den dafür fällig werdenden höheren Preis oder die Nennung das Nominalzins für eine Finanzierung.

Eine Werbung mit Selbstverständlichkeiten wäre beim Makler der Hinweis auf die Gewerbeerlaubnis nach § 34c GewO als besonderes Firmenmerkmal, da jeder Makler diese Genehmigung benötigt und dies damit kein besonderes Merkmal darstellt. Auch der Hinweis auf im Preis enthaltene Umsatzsteuer in der Printwerbung stellt eine solche Werbung dar. Allerdings muss man hier speziell beachten, dass bei Preisangaben im Fernabsatz – also z.B. im Internet – nach § 1 Abs. 2 PAngV sogar ausdrücklich der Hinweis erforderlich ist, dass im Preis, das wäre z.B. die Maklerprovision, die Umsatzsteuer enthalten ist.

Eine Werbung mit einer Selbstverständlichkeit ist mit der Einführung des so genannten „Bestellerprinzips“ der Hinweis „Provisionsfrei für Mieter“ in der Werbung für Mietwohnungen von Immobilienmaklearn.

Der § 5a Abs. 1 lautet:

„Bei der Beurteilung, ob das Verschweigen einer Tatsache irreführend ist, sind insbesondere deren Bedeutung für die geschäftliche Entscheidung nach der Verkehrsauffassung sowie die Eignung des Verschweigens zur Beeinflussung der Entscheidung zu berücksichtigen.“

Damit ist eine gewisse Wesentlichkeitsschwelle eingeführt, also nicht jedes Verschweigen einer Tatsache ist irreführend, sondern es muss eine gewisse Bedeutung für die Entscheidungsfähigkeit vorliegen. Was das genau für den Immobilienbereich bedeutet, kann nur eingeschränkt gesagt werden. Hier ist die Rechtsprechung abzuwarten, aber was in der Vergangenheit schon irreführend war, wird auch jetzt noch gelten. Dieser Absatz 1 gilt für den Geschäftsverkehr mit den Verbrauchern aber auch für den geschäftlichen Verkehr mit Unternehmern, während die dann folgenden Absätze 2, 3 und 4 nur den Geschäftsverkehr mit Verbrauchern berühren.

Der § 5a Abs. 2 lautet:

„Unlauter handelt, wer die Entscheidungsfähigkeit von Verbrauchern im Sinne des § 3 Abs. 2 dadurch beeinflusst, dass er eine Information vorenthält, die im konkreten Fall unter Berücksichtigung aller Umstände einschließlich der Beschränkung des Kommunikationsmittels wesentlich ist."

Hier geht es um die Beeinflussung der Entscheidungsmöglichkeit durch Vorenthaltung von entscheidungsrelevanten Informationen. Das können im Immobilienbereich zum Beispiel besonders belastete Lagen durch Verkehrslärm oder andere Umwelteinflüsse oder gesundheitsschädliche Baumaterialien sein. Der schon klassische Fall ist der fehlende Hinweis auf die Vermietung bei sonst typischen Selbstnutzerimmobilien. Denkbar wäre auch das Verschweigen einer besonders hohen Innenprovision des Maklers. Möglicherweise sind es aber auch Kriterien des Immobilieneigentümers für die Auswahl der neuen Mieter oder Käufer. Auch hier hat die Rechtsprechung noch nicht immer für Klarheit gesorgt.

Der § 5a Abs. 3 lautet:

„Werden Waren oder Dienstleistungen unter Hinweis auf deren Merkmale und Preis in einer dem verwendeten Kommunikationsmittel angemessenen Weise so angeboten, dass ein durchschnittlicher Verbraucher das Geschäft abschließen kann, gelten folgende Informationen als wesentlich im Sinne des Absatzes 2, sofern sie sich nicht unmittelbar aus den Umständen ergeben:

1. alle wesentlichen Merkmale der Ware oder Dienstleistung in dem dieser und dem verwendeten Kommunikationsmittel angemessenen Umfang;
2. die Identität und Anschrift des Unternehmers, gegebenenfalls die Identität und Anschrift des Unternehmers, für den er handelt;
3. der Endpreis oder in Fällen, in denen ein solcher Preis auf Grund der Beschaffenheit der Ware oder Dienstleistung nicht im Voraus berechnet werden kann, die Art der Preisberechnung sowie gegebenenfalls alle zusätzlichen Fracht-, Liefer- und Zustellkosten oder in Fällen, in denen diese Kosten nicht im Voraus berechnet werden können, die Tatsache, dass solche zusätzlichen Kosten anfallen können;
4. Zahlungs-, Liefer- und Leistungsbedingungen sowie Verfahren zum Umgang mit Beschwerden, soweit sie von Erfordernissen der fachlichen Sorgfalt abweichen, und
5. das Bestehen eines Rechts zum Rücktritt oder Widerruf."

Der § 5a Abs. 3 nennt einige wesentliche Informationen die zwar noch nicht bei einer Imagewerbung, aber bei einer konkreten Produktwerbung dem Kunden mitgeteilt werden müssen. Das könnten bei Immobilienmakler die Provisionsforderungen sein, aber auch der „richtige" Name des Maklers. Ob auch Angaben z.B. zur Höhe der Grunderwerbsteuer oder Notar- und Gerichtskosten darunter fallen, ist noch nicht klar. Bei einer Immobilie auf einem Erbbaugrundstück gehören aber sicher die Konditionen des Erbbaurechtsvertrages dazu. Bei Baugrundstücken könnten es genauere Aussagen zur Bebaubarkeit oder zur Höhe von Erschließungskosten sein.

Der Absatz 4 lautet:

„Als wesentlich im Sinne des Absatzes 2 gelten auch Informationen, die dem Verbraucher auf Grund gemeinschaftsrechtlicher Verordnungen oder nach Rechtsvorschriften zur Umsetzung gemeinschaftsrechtlicher Richtlinien für kommerzielle Kommunikation einschließlich Werbung und Marketing nicht vorenthalten werden dürfen."

Das bedeutet für Immobilienfirmen, dass bei einer Nichtbeachtung von gemeinschaftsrechtlichen Richtlinien und daraus resultierenden deutschen Gesetzen, dass dann ein abmahnbarer Verstoß vorliegt. Damit ist eine zusätzliche Verfolgungsmöglichkeit bei einem Verstoß z.B. gegen das TMG gegeben. Es kann aber einfach auch neue Richtlinien der EU geben, die dann nach Umsetzung in deutsches Recht oder – bei einer verspäteten Umsetzung in Deutschland – auch sofort zu beachten sind.

Darunter fallen zum Beispiel die Pflichtangaben aus der EnEV 2014 bei der Werbung für Immobilien in den kommerziellen Medien.

§ 6 Vergleichende Werbung

Grundsätzlich ist vergleichende Werbung heute erlaubt wenn bestimmte Voraussetzungen eingehalten werden. Es muss sich um wirklich vergleichbare Leistungen oder Produkte handeln und er muss objektiv sein und sich auf relevante Eigenschaften beziehen. Bisher spielt die vergleichende Werbung im Immobilienbereich keine oder nur eine extrem geringe Rolle.

§ 7 Unzumutbare Belästigung

Darunter fällt der gesamte Bereich der Telefon-, Telefax-, E-Mail-, Briefkastenwerbung und Vertreterbesuche. Das Gesetz unterscheidet Werbung mit „elektronischen Nachrichten" (Fax, E-Mail, SMS), Telefonwerbung und „sonstige belästigende" Werbung (Werbemittel im Briefkasten trotz Aufklebers „Keine Werbung"). Werbung ist immer dann verboten, wenn der Empfänger dies nicht wünscht (Aufkleber „Keine Werbung", Eintrag in Robinsonliste o. ä.). Elektronische Werbung ist ausdrücklich nur mit vorheriger Einwilligung erlaubt (sog. Opt-In-Modell). Dies gilt so auch für die Telefonwerbung.

Zu beachten ist, dass seit August 2009 verschärfte Regeln gelten. Der deutsche Gesetzgeber setzt fast immer inzwischen auf die ausdrückliche vorherige Zustimmung des Werbeempfängers.

Es gibt aber für die Werbung mit E-Mails vier Ausnahmen, die immer kumuliert vorliegen müssen (§ 7 Abs. 3 UWG), um diesem Erfordernis zu entgehen. Eine minimale Erleichterung gibt es auch bei Anrufen bei den sogenannten „sonstigen Marktteilnehmern". Das sind Firmen, Freiberufler oder Vereine, da reicht eine „mutmaßliche Einwilligung aus, allerdings sind die Kriterien von der Rechtssprechung abhängig und deshalb ist es letztendlich besser, stets eine beweisbare Einwilligungserklärung zu haben. Unter 8 finden Sie eine nach momentaner Rechtsprechung formulierte Einwilligungserklärung. Diese kann auch als Teil eines Maklervertrages benutzt werden und auch für alle Kundenberater als Vorlage beim Telefonieren.

§§ 8 bis 11 UWG Rechtsfolgen unlauterer Werbung

Die folgenden 4 Paragraphen betreffen die unterschiedlichen Ansprüche die bei ei ner unlauteren Wettbewerbshandlung von den verschiedenen Anspruchsberechtigten geltend gemacht werden können. Bei den Ansprüchen unterscheiden wir zwischen Beseitigungs- und Unterlassungsansprüchen, Schadenersatz und der neuen Gewinnabschöpfung. Nicht allen Berechtigten stehen aber alle Ansprüche zu.

§ 8 Beseitigung und Unterlassung

Der § 8 Abs. 1 sagt kurz und knapp: „Wer dem § 3 zuwiderhandelt, kann auf Beseitigung und bei Wiederholungsgefahr auf Unterlassung in Anspruch genommen werden." Der Unterlassungsanspruch – so der zweite Satz – besteht logischerweise schon, wenn eine Zuwiderhandlung droht.

Im zweiten Absatz geht es um die Haftung des Unternehmers für Mitarbeiter oder Beauftragte, d.h., der Unterlassungs- oder Beseitigungsanspruch besteht auch bei einer Handlung eines Mitarbeiters gegenüber dem Unternehmer.

In Absatz 3 ist die Anspruchsberechtigung (Klagebefugnis) geregelt. Die Beseitigungs- und Unterlassungsansprüche stehen den folgenden Gruppen zu:

1. Jedem Mitbewerber (s. Definition § 2 Abs. Nr. 3), der konkret von einer Werbemaßnahme betroffen ist. Zusätzlich besteht ein Schadenersatzanspruch gemäß § 9 UWG.
2. Rechtsfähigen Verbänden zur Förderung gewerblicher oder selbständiger beruflicher Interessen (Berufs- und Wettbewerbsverbände), soweit ihnen eine erhebliche Zahl von Unternehmen angehört … und soweit die Zuwiderhandlung Mitgliederinteressen berührt. Zusätzlich besteht der Anspruch auf Gewinnabschöpfung gemäß § 10 UWG.

3. Qualifizierten Einrichtungen gemäß UklaG (Verbraucherverbände). Zusätzlich besteht der Anspruch auf Gewinnabschöpfung gemäß § 10 UWG.
4. Industrie- und Handelskammer und Handwerkskammern, zusätzlich besteht der Anspruch auf Gewinnabschöpfung gemäß § 10 UWG.

Gegenüber der alten Rechtslage sind die wettbewerbsrechtlichen Ansprüche beim Gewerbetreibenden auf den konkreten Mitbewerber beschränkt, der „abstrakt" betroffene Mitbewerber kann keine Ansprüche mehr aus dem UWG ableiten.

Der Absatz 4 enthält die unveränderte Missbrauchsregelung des alten § 13 Abs. 5 UWG a.F.

§ 9 Schadensersatz

Der Anspruch auf Schadenersatz ist verschuldensabhängig, setzt also Fahrlässigkeit oder Vorsatz voraus. Der Schadenersatz spielt wettbewerbsrechtlich gesehen im Immobilienbereich praktisch keine Rolle.

§ 10 Gewinnabschöpfung

Der neu eingeführte Anspruch auf Gewinnabschöpfung soll abschreckend wirken und setzt deshalb Vorsatz bei den Werbemaßnahmen voraus. Mitbewerber können diesen Anspruch nicht geltend machen, er ist – wie oben schon beschrieben – den Vereinigungen der Gewerbetreibenden und Verbrauchern gemäß § 8 Abs. 3 Nr. 2 bis 4 UWG vorbehalten. Auch der Gewinnabschöpfungsanspruch wird im Immobilienbereich eher keine Rolle spielen.

§ 11 Verjährung

Die Ansprüche auf Unterlassung, Beseitigung und Aufwendungsersatz verjähren – wie bisher – nach sechs Monaten. Die Verjährungsfrist beginnt mit dem Entstehen des Anspruchs und der Kenntnis, aber auch mit der grob fahrlässigen Unkenntnis der anspruchsbegründenden Umstände und der Person des Werbetreibenden.

Anders ist es mit dem Gewinnabschöpfungsanspruch, dieser verjährt in drei Jahren. Noch länger ist die Verjährungsfrist beim Schadenersatzanspruch, dieser verjährt erst in zehn Jahren – unabhängig von der Kenntnis der Umstände die zum Schadenersatz geführt haben – spätestens aber in 30 Jahren, gerechnet von der schädigenden Handlung an.

§§ 12 – 15 UWG Verfahrensvorschriften

In diesem Teil des UWG sind Abmahnung, Kosten der Abmahnung, Verfügungsverfahren, Verjährung, Gerichte und die Einigungsstellen geregelt.

§ 12 Anspruchsdurchsetzung, ..., Streitwertminderung

Abmahnung

Eine der wichtigen Änderungen des neuen UWG betrifft das Instrument der Abmahnung, diese von der Rechtsprechung entwickelte außergerichtliche Möglichkeit zur Streitbeilegung ist jetzt in das Gesetz aufgenommen worden.

§ 12 Abs. 1 Satz1 UWG lautet: „Die zur Geltendmachung eines Unterlassungsanspruchs Berechtigten sollen den Schuldner vor der Einleitung eines gerichtlichen Verfahrens abmahnen und ihm Gelegenheit geben, den Streit durch Abgabe einer mit einer angemessenen Vertragsstrafe bewehrten Unterlassungsverpflichtung beizulegen." Damit muss jetzt – im Gegensatz zum bisherigen Recht – immer zuerst abgemahnt werden. Damit gibt es jetzt eine klare gesetzliche Regelung für die Abmahnung und die Unterlassungserklärung, leider aber verbunden mit der jetzt auch enthaltenen Pflicht zum Aufwendungsersatz für die Kosten der Abmahnung.

Aufwendungsersatz

Der zweite und letzte Satz in diesem Absatz lautet: „Soweit die Abmahnung berechtigt ist, kann der Ersatz der erforderlichen Aufwendungen verlangt werden." Aufwendungsersatz kann also nur bei berechtigten Abmahnungen gefordert werden und ist in der Höhe auf die erforderlichen Kosten beschränkt.

Der vom BGH in den späten 60er Jahren entwickelte Aufwendungsersatz, damals eigentlich schon auf die erforderlichen Kosten beschränkt, hat in der Vergangenheit zu den umfangreichen Missbräuchen geführt, weil die Instanzengerichte in der Regel die gestellten Forderungen besonders der Höhe nach einfach bestätigten. Nur in wenigen Fällen konnte man sich erfolgreich wehren. Diese Tendenz nahm – durch Massenabmahnaktionen mit Kostenforderungen teilweise in Millionenhöhe – allerdings zu. Zwar war der Aufwendungsersatz von einigen Gerichten verneint worden – so für Vereine in Hamburg und bei zahlreichen Gerichten mit dem Hinweis auf eine umfangreiche Abmahntätigkeit des abmahnenden Mitbewerbers und der in diesen Fällen nicht erforderlichen Einschaltung eines Anwalts – ließ sich aber auch oft genug als sprudelnde Quelle für Vereine und Anwälte solcher „Wettbewerbshüter" durchsetzen. Wie sich jetzt die Neuregelung auswirken wird bleibt abzuwarten. In Verbindung mit dem neuen Rechtsanwaltsvergütungsgesetz RVG könnte es – bei gleich bleibender Tendenz der Rechtsprechung – weiter bei den Auswüchsen wie in der Vergangenheit bleiben.

Unterlassungserklärung und Kosten bei mehreren Abmahnungen

Interessant ist aber weiter die Frage der Zahlungsansprüche bei mehreren praktisch gleichzeitig geschriebenen Abmahnungen. Bei mehreren – immer unterstellt berechtigten Abmahnungen und Abmahnern – entstehen mehrere Zahlungsverpflichtungen.

Allerdings mit unterschiedlicher Grundlage. Der, der die erste Abmahnung abschickt, bekommt in der Regel aus berechtigter Geschäftsführung ohne Auftrag (GOA) den Aufwendungsersatz, die anderen haben dann „nur“ noch einen Schadenersatzanspruch. Das bedeutet bei mehreren berechtigten Abmahnungen muss man mehrfach zahlen. Zu prüfen bleibt dann in jedem Einzelfall ob die Höhe der geforderten Aufwendungen in Ordnung ist.

Unterlassungserklärung, eine oder mehrere Abmahnungen

Verbunden mit der Abmahnung ist die Aufforderung eine strafbewehrte Unterlassungsverpflichtungserklärung abzugeben. Die Unterlassungserklärung muss ohne Einschränkung – mit zwei Ausnahmen – erfolgen und muss eine ausreichende Vertragsstrafe zum Inhalt haben. Eine zulässige Einschränkung ist die auflösende Bedingung, wenn die vertraglich verbotene Handlung gesetzlich erlaubt oder die Zulässigkeit durch höchstrichterliche Rechtsprechung geklärt wird. Die zweite Ausnahme ist eine aufschiebende Befristung für eine vereinbarte Aufbrauchfrist.

Besonders wichtig ist eigentlich die auflösende Bedingung, da sonst selbst bei einer geänderten Rechtslage die Verpflichtung aus der Unterwerfung weiter gilt, jedenfalls bis sie gekündigt wird. Mit der auflösenden Bedingung erlischt automatisch die Unterlassungserklärung, während eine Kündigung nur in die Zukunft wirkt, also erst ab Kündigungszeitpunk wirkt. Dies ist wichtig, wenn trotz Wegfall des Verbots einer bestimmten Wettbewerbshandlung eine Vertragsstrafe angefordert wird, da nur im Fall der auflösenden Bedingung die Unterlassungserklärung gegenstandslos geworden ist und die Vertragsstrafe nicht gezahlt werden muss. Würde jetzt erst gekündigt weil keine auflösende Bedingung vereinbart war, müsste man die Vertragsstrafe noch einmal zahlen und wäre erst für die Zukunft vor weiteren Zahlungsforderungen sicher.

In manchen Fällen ist es günstiger keine Unterlassungserklärung abzugeben. Hier kann man dem Abmahner praktisch gleich „anbieten“ lieber eine einstweilige Verfügung als endgültige Regelung anzuerkennen. Dieses sollte man – immer nur in Absprache mit einem Fachmann – zum Beispiel immer dann machen, wenn die abgemahnte Werbung sehr häufig gemacht wird und der Fehler leicht reproduzierbar ist. Ein klassisches Beispiel sind bestimmte Verstöße gegen das Wohnungsvermittlungsgesetz, hier der fehlende Nebenkostenhinweis. Da dies häufig, trotz fehlerfreien Manuskripts, durch die Zeitung als Fehler gemacht wird, könnte man in solchen Fällen das Verfügungsverfahren bevorzugen. Es sind aber auch andere Fälle denkbar, die aber nur im Einzelfall mit dem eingeschalteten Spezialisten – Anwalt, IHK oder Berufsverband – geklärt werden können und sollten.

Es kommt häufiger vor, dass gleich mehrere Abmahnungen gleichen Inhalts für dieselbe Werbemaßnahme kommen. Jetzt gilt zu klären, wie reagiert werden soll. Das gerade beschriebene Verfügungsverfahren ist jetzt nicht Erfolg versprechend. Hier ist fast nur die Abgabe einer Unterwerfungserklärung möglich. Es stellt sich dann aber die Frage, wer eine Unterlassungserklärung bekommt. Es reicht die Abgabe einer ernsthaften und ausreichenden Unterlassungserklärung, da damit die Unterlassungsansprüche aller Abmahner befriedigt sind. Man sollte hier einen von den Gerichten anerkannten Abmahner bevorzugen, da nur dieser die Gewähr für eine lückenlose Überwachung der abgegebenen Unterlassungserklärung für die Zukunft garantiert, so die herrschende Rechtsprechung. Es ist wenig hilfreich, eine Unterlassungserklärung einem unbekannten – aber vor Ort sitzenden – Abmahner gegenüber abzugeben. Die Gerichte haben in solchen Fällen häufig die Ernsthaftigkeit einer Unterlassungserklärung bezweifelt, mit teuren Folgen für den so agierenden Abgemahnten.

Weiter regelt der § 12 im zweiten Absatz einige von der ZPO abweichende Besonderheiten im wettbewerbsrechtlichen einstweiligen Verfügungsverfahren. Im vierten Absatz wird die Möglichkeit einer Streitwertminderung bei einfach gelagerten Fällen oder wenn die Kostenbelastung aus dem Verfahren für eine Partei wegen ihrer Vermögens- und Einkommensverhältnisse nicht tragbar erscheint, geregelt.

§ 13 Sachliche Zuständigkeit

Hier hat der Gesetzgeber festgelegt welche Gerichtsart zuständig ist. Für alle gerichtlichen Verfahren aus dem UWG ist jetzt das Landgericht zuständig. Früher konnte man bei niedrigen Streitwerten durchaus beim Amtsgericht als erste Instanz anfangen.

§ 14 Örtliche Zuständigkeit

Hier ist in Absatz 1 geregelt, dass der Geschäftssitz des beklagten Gewerbetreibenden den Gerichtsort bestimmt, es ist das für den Geschäftssitz zuständige Landgericht. Allerdings hat der Gesetzgeber im zweiten Absatz ein weiteres Gericht zugelassen, nämlich das, in dessen Bezirk die Wettbewerbshandlung vorgenommen wurde. Dies gilt allerdings nur für Klagen von Mitbewerbern. Die Regelung – der so genannte „fliegende Gerichtsstand“ ist aus mehreren Gründen problematisch, einerseits kann das Rechtsprechungsgefälle ausgenutzt werden, d.h., der Abmahner kann für sich die unterschiedliche Rechtsprechung mancher Gerichte ausnutzen, andererseits aber auch durch die Technik mancher Werbemedien. Wo ist zum Beispiel eine Wettbewerbshandlung im Internet oder in einer Zeitung vorgenommen worden. Diese Frage lässt sich schon für die Zeitung nicht so einfach beantworten. Im Internet führt das dann aber zu mehr als seltsamen Ergebnissen. Da das Internet überall ist, ist theoretisch also jedes Landgericht bundesweit zuständig, jedenfalls sehen dies so die meisten Gerichte.

§ 15 Einigungsstellen

Einigungsstellenverfahren bieten eine gute Möglichkeit Wettbewerbsstreitigkeiten kostengünstig zu klären. Zweck der Einigungstelle – die von den jeweiligen Landesregierungen bei den örtlichen Industrie- und Handelskammern eingerichtet worden sind – ist die Herbeiführung eines gütlichen Ausgleichs in Form eines Vergleichs. Es hat hier gegenüber der alten Regelung im § 27a UWG a. F. teilweise erhebliche Änderungen gegeben.

Die Einigungstelle ist mit einem Vorsitzenden, der die Befähigung zum Richteramt haben muss, und zwei Beisitzern besetzt, sie wird auf Antrag tätig. Es braucht kein Anwalt eingeschaltet werden, es ist weitgehend gebührenfrei und es wird mündlich verhandelt. Der Vorsitzende kann das Erscheinen der Beteiligten anordnen und auch mit Ordnungsgeldern erzwingen. Über die gefundene Regelung in der Verhandlung wird ein schriftlicher Vergleich angefertigt, aus diesem kann vollstreckt werden. Durch das Einigungsverfahren wird die Verjährung unterbrochen. Das Einigungsverfahren setzt praktisch das Einverständnis beider Beteiligten voraus, da der Abmahner trotz eines Verfahrens eine einstweilige Verfügung erwirken kann, dies gilt allerdings nicht, wenn er selber das Einigungsverfahren beantragt hat.

§§ 16 – 19 Strafvorschriften und 20 – 22 Schlussbestimmungen

Die restlichen Paragraphen des neuen UWG betreffen einerseits bestimmte strafbare Werbemaßnahmen, die erhöhten Bußgeldvorschriften zum § 7 UWG, Änderungen in anderen Gesetzen – z.B. die Preisangabenverordnung und wann das UWG in Kraft tritt.

Weitere wichtige Gesetze, Verordnungen und Regeln

Hier folgt eine kurze Übersicht über weitere wichtige Gesetze, Verordnungen und sonstiger Regeln. Für den Immobilienbereich sind dies unter anderem:

PAngV Preisangabenverordnung

Hier sind besonders folgende Paragraphen wichtig:

- § 1 Grundvorschriften (Endpreis, VB, Hervorhebung Endpreis, Hinweis auf enthaltene Umsatzsteuer im Fernabsatz)
- § 6 Kredite (effektiver Jahreszins)
- § 6a Werbung für Kreditverträge (anzugeben sind: Sollzinssatz, Nettodarlehensbetrag, effektiven Jahreszins, Vertragslaufzeit, ein Beispiel und eventuell den Hinweis auf eine abzuschließende Versicherung)
- § 9 Ausnahmen (Angebote an Gewerbetreibende)

WoVermG Wohnungsvermittlungsgesetz

Hier sind besonders folgende Paragraphen wichtig:

§ 1	Begriffe (Wohnungsvermittler, Wohnräume)
§ 2	Textform Maklervertrag und „Bestellerprinzip“
§ 3	Entgelt und Auslagen (Provisionshöhe)
§ 6	Angebote, Anzeigen (Auftragsgebot, 4 Pflichtangaben: Name des Vermittlers, Vermittlereigenschaft, Nennung der Miethöhe und Hinweis ob Nebenleistungen zusätzlich zu vergüten sind)

EnEV 2014

Hier sind besonders folgende Paragraphen wichtig:

§ 2	Begriffsbestimmungen
§ 16	Ausstellung und Verwendung von Energieausweisen
§ 16 a	Pflichtangaben in Immobilienanzeigen
§ 27	Ordnungswidrigkeiten

HGB Handelsgesetzbuch

Hier sind besonders folgende Paragraphen wichtig:

§ 17	Begriff
§ 18	Kennzeichnung der Firma
§ 19	Bezeichnung als eingetragener Kaufmann, OHG oder KG
§ 37	Firmenschutz
§ 37a	Geschäftsbriefe

GewO Gewerbeordnung

Hier sind besonders folgende Paragraphen wichtig:

§ 14	Anzeigepflicht
§ 15	Empfangsbescheinigung, Betrieb ohne Zulassung
§ 34c	Makler, Bauträger, Baubetreuer

MaBV Makler- und Bauträgerverordnung

Hier sind besonders folgende Paragraphen wichtig:

§ 11 Informationspflicht

RDG Rechtsdienstleistungsgesetz

Hier sind besonders folgende Paragraphen wichtig:

§ 1 Erlaubnis
§ 5 Ausnahmen

StBerG Steuerberatungsgesetz

§ 4

TMG Telemediengesetz

Hier sind besonders folgende Paragraphen wichtig:

§ 2 Begriffsbestimmungen
§ 5 Allgemeine Informationspflichten (Impressum)
§ 6 Besondere Informationspflichten bei kommerziellen Kommunikationen
§ 13 Pflichten des Diensteanbieters (Datenschutz)

BGB Bürgerliches Gesetzbuch

Hier sind besonders folgende Paragraphen wichtig:

§ 13 Verbraucher
§ 14 Unternehmer
§§ 305 - 310
Gestaltung rechtsgeschäftlicher Schuldverhältnisse durch Allgemeine Geschäftsbedingungen (früher Gesetz zur Regelung des Rechts der Allgemeinen Geschäftsbedingungen)
§§ 312 u. 312a
Widerrufsrecht bei Haustürgeschäften (früherHaustürwiderrufsgesetz)
§§ 312b - 312f
Fernabsatzverträge (früher Gesetz über Fernabsatzverträge)
§ 434 Abs. 1
Sachmangel (Haftung für Werbeaussagen)

GmbH Gesetz

§ 35a Pflichtangaben auf Geschäftsbriefen (auch Fax und E-Mail)

Sonn- und Feiertagsgesetz und Bedarfs(Bedürfnis-) gewerbeverordnungen

Das sind Gesetze und Verordnungen der jeweiligen Bundesländer mit leicht unterschiedlichen Inhalten. Es geht immer um Ausnahmen vom Arbeitsverbot an Sonn- und Feiertagen. Für den Immobilienbereich ist hier in der Regel die Beschäftigung von Angestellten für vier Stunden erlaubt.

EHUG Gesetz über elektronische Handelsregister und Genossenschaftsregister sowie Unternehmensregister in Verbindung mit z.B.

§ 37a HGB
§ 35a GmbH Gesetz oder
§ 15b GewO,

Hier werden die erforderlichen Angaben im Geschäftsverkehr auf Briefbögen, in Faxen und E-Mails geregelt, also Name, Anschrift, Handelsregisterangaben, Vertretungsberechte usw.

UrhG Gesetz über Urheberrecht und verwandte Schutzrechte

§ 2 Geschütze Werke
§ 15 Allgemeines

Dies ist keine abschließende Aufstellung, enthält aber einige der wichtigsten Bestimmungen die von der Immobilienbranche zu beachten sind.

Die Gesetze – immer auf dem neuesten Stand – finden Sie unter www.gesetze-im-internet.de

Wettbewerbsregeln IVD

Wettbewerbsregeln des Immobilienverband Deutschland IVD Bundesverband der Immobilienberater, Makler, Verwalter und Sachverständigen e. V. gemäß Beschluss der IVD Mitgliederversammlung am 20.05.2006 in Anerkennung des Bundeskartellamts am 18.09.2006 auf der Grundlage des Ursprungsbeschlusses des Bundeskartellamts vom 19.08.1963 veröffentlicht im Bundesanzeiger Nr. 192 vom 12.10.2006, in der Fassung des Beschlusses der IVDMitgliederversammlung vom 20.05.2006 in Düsseldorf.

Präambel

Der Immobilienverband Deutschland IVD Bundesverband der Immobilienberater, Makler, Verwalter und Sachverständigen e. V. hat die folgenden Wettbewerbsregeln zu dem Zweck aufgestellt, einen gesunden Leistungswettbewerb sicherzustellen und das Verhalten aller Immobiliendienstleister im Wettbewerb zu regeln, um einem den Grundsätzen des lauteren Wettbewerbs zuwiderlaufenden Verhalten im Wettbewerb entgegenzuwirken.

§ 1 Lauterer Wettbewerb und gute kaufmännische Sitten

Immobiliendienstleister haben im Geschäftsverkehr die Grundsätze des lauteren Wettbewerbs einzuhalten und Handlungen, die guten kaufmännischen Sitten widersprechen, zu unterlassen. Den Maßstab für den Begriff der guten kaufmännischen Sitten bilden die Verkehrsanschauung im Markt und die Berufsauffassung eines ehrbaren Immobiliendienstleisters und dienen dem Zweck, einen leistungsgerechten Wettbewerb sicherzustellen. Immobiliendienstleister haben in ihrem Verhalten untereinander und gegenüber Dritten stets darauf zu achten, dass das Ansehen der einzelnen Berufsangehörigen und des gesamten Berufsstandes gewahrt bleibt. Der Wettbewerb muss sachlich sein und dient der besseren beruflichen Leistung und nicht einem Anlocken oder Abwerben von Kunden durch unerlaubte Hilfsmittel.

§ 2 Verbot unlauteren Verhaltens

Die Werbung mit unrichtigen, unvollständigen oder sonstigen irreführenden Angaben über eigene, geschäftliche und persönliche Verhältnisse, insbesondere über die eigene Leistungsfähigkeit, ist zu unterlassen. Hinweise auf geschäftliche oder persönliche Verhältnisse von Mitbewerbern zu dem Zweck, dass diesen ein Auftrag dadurch nicht erteilt oder wieder entzogen wird, sind unzulässig.
Es widerspricht insbesondere guten kaufmännischen Sitten, zu diesem Zweck auf einen Interessenten durch unzutreffende, herabsetzende oder kreditschädigende Äußerungen über Mitbewerber oder durch Hinweise auf Schwierigkeiten bei der Tätigkeit als Immobiliendienstleister einzuwirken. Ist einem Immobiliendienstleister ein Alleinauftrag erteilt, so ist jede Einwirkung auf den Auftraggeber durch einen anderen Immobiliendienstleister zum Zweck der Auftragsentziehung wettbewerbswidrig.

§ 3 Gebot klarer Werbung

Die im Wettbewerb über die eigene Leistungskraft und die jeweilige Dienstleistung gemachten Angaben müssen wahr, klar und beweisbar sein. In jeder Werbung muss mindestens der Name des Dienstleisters angegeben sein sowie die gewerbliche Tätigkeit eindeutig gekennzeichnet werden. Bezeichnungen und deren Abkürzungen wie gewerblich – durch – beauftragt – Beauftragter – Alleinauftrag – Grundstücksabteilung – Regelung von – Vertretung von und dergleichen, ohne zusätzliche Berufskennzeichnung, sind nicht ausreichend. Das Gebot klarer Werbung gilt auch für die Eigendarstellung im Internet. Jeder Immobiliendienstleister ist befugt, in einer die Mitbewerber nicht herabsetzenden Form auf die zutreffenden Vorzüge seiner Geschäftsmethoden hinzuweisen.

§ 4 Kennziffer-Anzeigen

Kennziffer-Anzeigen jeglicher Art sind unzulässig. Es ist gleichfalls mit guten kaufmännischen Sitten nicht vereinbar, derartige Anzeigen für Rechnung oder im Auftrage eines Dritten aufzugeben oder sich eines Dritten bei der Aufgabe zu bedienen. Auch dürfen Immobiliendienstleister ihre Kunden nicht veranlassen, derartige Anzeigen aufzugeben mit der Aufforderung, ihnen die eingehenden Angebote zur Bearbeitung zu übermitteln. Es ist unzulässig, den Antworten auf Inserate, Anfragen und Angebote persönlich oder durch Dritte den Anschein privaten Charakters zu geben und die gewerbliche Tätigkeit zu verschweigen.

§ 5 Führung von Titeln und früheren Berufsbezeichnungen

Titel oder frühere Amts- oder Berufsbezeichnungen sowie Hinweise auf Ehrenämter sind im geschäftlichen Verkehr nicht zu führen, wenn hierdurch der Eindruck einer nicht sachlich begründeten besonderen Leistungsfähigkeit erweckt wird. Akademische Grade sind hiervon nicht betroffen. Bei Firmenfortführung mit akademischem Grad ist ein Nachfolgezusatz hinzuzufügen, wenn Inhaber oder Geschäftsführer keinen entsprechenden akademischen Grad führen.

§ 6 Unwahre, missverständliche und unvollständige Angaben in der Werbung

Es ist wettbewerbswidrig, unwahre oder missverständliche Angaben in der Werbung zu machen. Dies gilt insbesondere für Preisangaben, für Angaben über die Rendite eines Objektes sowie hinsichtlich Darlehens-Konditionen, Miet- und Pachtbedingungen usw.

§ 7 Übertreibung in der Werbung

Es widerspricht guten kaufmännischen Sitten, in der Werbung sachlich nicht begründete und nicht objektiv beweisbare Superlative zu verwenden.

§ 8 Versprechen von Sondervorteilen

Einem Immobiliendienstleister ist untersagt, die kostenlose Beratung besonders hervorzuheben, wenn die Tätigkeit im Rahmen der üblicherweise von ihm erwarteten Dienstleistung erfolgt. Wettbewerbswidrig ist auch jede Werbung, die kostenlose Tätigkeit anpreist, wenn der Immobiliendienstleister tatsächlich von irgendeiner Seite eine Vergütung – gleichgültig in welcher Form – erhält. Es ist ferner wettbewerbswidrig, Vorteile anzubieten oder zu versprechen, damit ein Auftrag erteilt wird.

§ 9 Kopplungsgeschäfte

Es ist unzulässig, den Abschluss oder die Durchführung eines Auftrages von Leistungen abhängig zu machen, die nicht in unmittelbarem Zusammenhang mit der Immobiliendienstleistung stehen.

§ 10 Einschreib- und Bearbeitungsgebühren

Es widerspricht guter kaufmännischer Sitte, die Zahlung von Einschreib- oder Bearbeitungsgebühren ohne Anrechnung zu fordern oder entgegenzunehmen, soweit dies nicht gesetzlich zulässig ist.

4. Die Wettbewerbshüter

Allgemeines

In den Vorauflagen war an dieser Stelle eine umfangreiche Liste mit den verschiedenen Wettbewerbshütern abgedruckt. Da es aber teilweise datenschutzrechtliche Probleme gegeben hat und andererseits die Wettbewerbshüter teilweise sehr schnell kommen und gehen, wird jetzt auf eine Namensliste verzichtet. Das Internet bietet heute neben den Auskünften von IHK, Wettbewerbszentrale und der Berufsverbände – wie dem IVD – aktuellere Möglichkeiten als es dieses Buch bieten kann.

Trotzdem sollen hier noch einige Namen – besonders aus dem Mitbewerberbereich – genannt werden. Nicht um diese an den Pranger zu stellen, sondern um an diesen Beispielen zu zeigen, was es alles in diesem besonderen „Geschäftszweig Wettbewerbshüter" gibt.

Die Mitbewerber nach § 8 Abs. 3 Nr. 1 UWG

Vielen Immobilienfirmen ist seit den achtziger Jahren des vorigen Jahrhunderts ein Exanwalt und jetzt angeblicher „Immobilienhändler" aus München ein Begriff. Tausende von Abmahnungen mit immensen Gebührenforderungen sind bekannt. Dem Autor liegen alleine seit 2001 über 6.500 Abmahnungen und Vertragsstrafeforderungen von Hans H., „Deutschlands Dienstältester Abmahner und billigster Verbraucherschützer im Immobilienbereich" laut Eigendarstellung, vor. Die daraus resultierenden Gebühren- und Vertragsstrafeforderungen belaufen sich alleine seit 2003 (vorher nicht erfasst) auf rund 1.645.000 Euro, unbekannt ist allerdings wie viel davon realisiert worden ist.

Das war aber nicht das, was dem Gesetzgeber beim Mitbewerber vorgeschwebt hat. Nicht der Wettbewerber der systematisch nach kleinsten Fehlern sucht, soll Ansprüche stellen dürfen, sondern der Gewerbetreibende der Nachteile in seinem Geschäft befürchten muss, soll wettbewerbsrechtliche Ansprüche stellen dürfen. Auch der Anwalt G. aus Hamburg der eine Immobilienfirma (Gesellschafter der Firma die Ehefrau und der Sohn) als Mandant vertritt, gehört in diese Kategorie und zahlreiche weitere sogenannte „Wettbewerbshüter".

Es ist nicht immer einfach zu entscheiden, liegt ein ernsthafter Mitbewerber vor oder nicht. Häufig benötigt man umfangreiche Recherchen um sagen zu können, dieser Wettbewerbshüter darf das und jener nicht. Erfahrung, zahlreiche Informationsquellen, eine genaue Prüfung der gewerblichen Tätigkeit und manchmal einfach „ein Gefühl" helfen dabei. Leider wird die Informationsbeschaffung durch das deutsche Datenschutzrecht nicht leichter, besonders wenn es darum geht den Umfang einer oft umfangreichen Abmahntätigkeit zu dokumentieren.

Ein besonders krasses Beispiel hat vor einigen Jahren stattgefunden als über 6.000 Domaininhaber an einem Tag eine Abmahnung bekamen. Die Gebührenforderungen beliefen sich alleine in diesem Fall auf eine sehr hohe einstellige Millionensumme. Häufig werden aber auch solche Aktionen nicht an einem Tag gemacht, sondern über einen gewissen Zeitraum verteilt. Dann wird es viel schwieriger die entsprechenden Daten zu beschaffen und für Gerichtsverfahren auszuwerten und zusammenzustellen.

Verbände und Vereine nach § 8 Abs. 3 Nr. 2 UWG

Ende 2006 tauchte ein neuer Wettbewerbsverein mit dem schönen Namen „Ehrlich währt … …" auf, er mahnte zwar nicht im Immobilienbereich ab, war aber typisch für die Kategorie der unseriösen Abmahner. Schon bei dem Namen hätte man aufmerksam sein müssen. Trotzdem gelang es dem Verein sogar bei Gericht eine einstweilige Verfügung zu bekommen und zwar genau an dem Tag, wo der Vereinsvorsitzende wegen Betrug mit der Veranstaltung von Kaffeefahrten und Abmahnungen verhaftet wurde. Im gerade abgeschlossenen Strafverfahren hat es eine empfindliche Haftstrafe ohne Bewährung gegeben. Das ist aber eine absolute Ausnahme gewesen. In der Regel kommt es ganz selten zu Strafverfahren und noch seltener zu Verurteilungen.

Das zeigt auch fast exemplarisch, was alles in Deutschland möglich ist. Solche Vereinsgründungen hat es schon im Gefängnis gegeben und vorbestrafte Betrüger oder sogar einsitzende Häftlinge tummelten sich schon im „Geschäftsfeld Abmahnwesen". Nicht das unsere Gesetze schlecht sind, es ist die Kombination aus Regelungsdichte und „blinder Justiz", die dieses Geschäft ermöglicht.

Auch wenn die ganz große Zeit der Vereine in diesem Bereich eher vorbei ist, es gibt immer wieder Versuche mit solchen Vereinen, die teilweise dann auch erhebliche Schäden anrichten. Der Schaden besteht ja nicht nur im finanziellen Bereich bei den Abgemahnten, weit aus schlimmer ist der Verlust der Glaubwürdigkeit des Rechtsstaates und der Justiz und damit auch der seriösen Wettbewerbshüter.

Darunter leidet dann auch die über jeden Zweifel erhabene „Zentrale zur Bekämpfung unlauteren Wettbewerbs", auch kurz „Wettbewerbszentrale" genannt. Mit der Hauptstelle in Bad Homburg und mehreren Zweigstellen in Deutschland ist sie die größte und älteste Selbsthilfeorganisation der Wirtschaft in diesem Bereich. Ähnlich ist in Hamburg „Pro Honore" zu sehen oder auch in Düsseldorfer die „AGW Arbeitsgemeinschaft Wettbewerb für den selbständigen gewerblichen Mittelstand".

Verbraucherschutzverbände nach § 8 Abs. 3 Nr. 3 UWG

Auch in diesem Bereich tummeln sich zum Beispiel neben der bekannten „Verbraucherzentrale Bundesverband“ und deren Zweigstellen als seriöser und bundesweit tätiger Verbraucherschutzverband, leider auch Vereine, die unter dem Deckmäntelchen „Verbraucherschutz“ nur eines wollen: Geld verdienen mit dem UWG. So ist im Immobilienbereich z.B. ein eingetragener Verein aus Süddeutschland, mit Abmahnungen zur EnEV seit Mai 2014 aktiv. Vorher hat dieser Verein, der sogar mit Steuermittel gefördert wird, unter anderem im Kfz-Bereich umfangreich tätig. Im April 2014 kündigte er ein „Bündnis“ mit weiteren Vereinen und Verbänden an, um die Einhaltung der Energiesparverordnung durchzusetzen. In Gerichtsverfahren wird mit Streitwerten von 30.000 Euro gearbeitet, was für viele Firmen die Abwehr nicht gerade erleichtert, da das Kostenrisiko doch erheblich ist. Auch fordert der Verein nach einem Urteil des LG Darmstadt eine zu hohe Abmahnpauschale.

Der Gesetzgeber hat zwar die Gründung solcher Vereine erschwert, es ist aber immer noch zu leicht möglich und die Eintragung als sogenannte „qualifizierte Einrichtung“ ist mit einer 75 Namen umfassenden Liste und dem entsprechenden Satzungszweck immer noch gegeben. Selbst ein für zehn Jahre gewählter Vorsitzender mit Vergütungsanspruch und mehrfacher Umbenennung des Vereins hindert nicht an der Eintragung in die Liste.

Industrie- und Handelskammern und Handwerkskammern nach § 8 Abs. 3 Nr. 4 UWG

Auch wenn die Kammern ein eigenes Anspruchsrecht haben gibt es in diesem Bereich wenig klassische Abmahnungen und damit auch keine Probleme wie teilweise mit den zuvor beschriebenen Anspruchsberechtigten.

Fazit

Das Internet, ständig neue oder geänderte Gesetze, eine unübersichtliche Rechtsprechung und die heutige Bürotechnik machen es Wettbewerbshütern leicht das Wettbewerbsrecht zur „Gelddruckmaschine“ zu machen.

Festzuhalten bleibt trotzdem, dass bei berechtigten Forderungen die wettbewerbsrechtliche Abmahnung in den Händen eines verantwortungsbewussten Anspruchsstellers ein gutes Mittel ist, kostengünstig einen Streit ohne Gerichtsverfahren zu erledigen. Leider kommt man aber zu oft unter die Räuber.

5. Tipps, damit man keine Abmahnung bekommt und Reaktionen auf eine Abmahnung

Wie man Fehler in Anzeigen vermeidet

Es gibt typische Situationen im Maklerbetrieb, aus denen sich Fehler ergeben. Besonders zu nennen sind hier die telefonische Anzeigenaufgabe, die Wiederholung von schon geschalteten Anzeigen ohne nochmalige Kontrolle und die Hektik, kurz vor Anzeigenschluss. Deshalb sollten Makler folgende Tipps besonders beachten:

Schriftliches Manuskript statt telefonischen Auftrags!

Ein schriftliches Manuskript sollte anhand der Aufstellung „Erlaubtes und Verbotenes in der Immobilienwerbung“ unter 6 auf wettbewerbsrechtliche Fehler überprüft werden. Dabei kann man den Anzeigentext auch auf Werbewirksamkeit und richtige Angaben überprüfen. Die Berufsverbände und Industrie- und Handelskammern geben telefonische Auskunft über die Richtigkeit einer Werbemaßnahme. Telefonisch aufgegebene Anzeigen werden häufig durch Hörfehler und Abkürzungen im Text verändert und damit schnell wettbewerbswidrig. Vermeiden Sie deshalb diese Fehlerquelle!

Anzeigenauftrag per E-Mail, Fax, Brief oder Bote!

Das fertige Manuskript sollte entweder per E-Mail, Fax, Brief oder Boten an die Zeitung übermittelt werden. Fax, E-Mail oder Bote haben den Vorteil der Beweisbarkeit des Zuganges eines Manuskriptes. Vereinbaren sie mit dem Anzeigenberater dass das Manuskript eine gewisse Zeit aufgehoben wird (4 - 8 Wochen). Dies kann bei Druckfehlern und daraus resultierender wettbewerbswidriger Werbung wichtig sein. Die Zeitungen geben bei tatsächlichem Vorliegen eines Druckfehlers eine entsprechende Erklärung ab.

Was ist mit einem Druckfehler der Zeitung?

Sofort bei Erscheinen die Anzeige auf Druckfehler prüfen!

Liegt ein Druckfehler vor, sollten sie dies umgehend bei der Zeitung schriftlich reklamieren. Lassen Sie sich die Reklamation schriftlich bestätigen (zumindest, wenn eine

Abmahnung kommt). Fordern Sie von der Zeitung aber nichts Unmögliches. Weisen sie für die Zukunft die Zeitung schriftlich darauf hin, dass der wettbewerbswidrige Text nicht mehr verwendet werden darf. Sie brauchen derartige Schreiben eventuell bei einer weiteren Abmahnung und sie können damit nachweisen, dass alles von Ihrer Seite getan worden ist, um richtig zu werben.

Sofort richtig reagieren bei einer Abmahnung.

Sollte eine Abmahnung auf eine – durch einen Druckfehler – wettbewerbswidrige Anzeige kommen, schreiben Sie bitte sofort den Abmahner an. Fügen Sie eine Kopie des Anzeigenmanuskriptes, die Reklamation bei der Zeitung und – falls vorhanden – eine entsprechende Bestätigung der Zeitung bei. Haben Sie noch keine Bestätigung der Zeitung für einen Druckfehler, besorgen Sie sich umgehend eine entsprechende Erklärung der Zeitung. Schreiben Sie die Zeitung an unter Beifügung einer Kopie der Abmahnung, und weisen Sie die Zeitung darauf hin, dass dieser Anzeigentext keinesfalls mehr erscheinen darf. Dies ist wichtig, falls die wettbewerbswidrige Anzeige noch einmal erscheinen sollte. Sie müssen dem Abmahner nachweisen können, dass Sie alles getan haben, um eine erneute wettbewerbswidrige Werbung zu verhindern.

Wie man Fehler im Internet vermeidet

Hier ist die Auswahl des Internetdienstleisters sehr wichtig. In dem Geschäft tummeln sich viele „Hobbykünstler", die leider in den meisten Fallen juristische Kenntnisse vermissen lassen. Fehler im Impressum und Urheberrechtsverstöße sind fast vorprogrammiert.

Als Immobilienfirma sollte man nur mit schriftlichen Aufträgen mit klaren Vorgaben arbeiten und die Ergebnisse vor einer Freischaltung genau prüfen. Die erforderlichen Angaben im Impressum sind eine der zu prüfenden Vorgaben, da der Internetdienstleister nicht unbedingt wissen muss, dass Makler oder Bauträger eine genehmigungspflichtige Tätigkeit ausüben und deshalb die Aufsichtsbehörde angeben müssen.

Besonders wichtig ist die Kontrolle von Bildern, Stadtplänen, Landkarten und ähnlichen Inhalten. Lassen Sie sich ausdrücklich dafür die entsprechenden Verträge über eine Nutzung für ihre Firmenhomepage vorlegen. Verlassen Sie sich nicht auf Aussagen wie: Das war im Internet kostenlos oder ähnlichen Aussagen. Sie haften für die möglichen Urheberrechtsverstöße.

Aber auch die Kontrolle bei der Eingabe von Exposédaten in den Immobilienportalen oder der eigenen Homepage ist wichtig. Hier sollte immer eine zweite Person die Eingaben überprüfen. Auch bei der Übertragung der Immobiliendaten in verschiedene

Portale kann es zu Fehlern kommen, da die Portale nicht alle gleich programmiert sind. Machen Sie regelmäßig Stichproben, ob die Daten in allen Portalen identisch sind.

Sie haben den Fehler selbst gemacht

Jetzt heißt es kühlen Kopf bewahren und schnell und richtig reagieren. Prüfen Sie zuerst, ob wirklich ein Wettbewerbsverstoß vorliegt. Die Aufstellung unter Teil 6 hilft Ihnen. Besorgen Sie sich Informationen über den Abmahner bei der IHK oder den Berufsverbänden IVD oder BFW, wenn sie dort Mitglied sind. Vielleicht kennen Sie auch einen im Wettbewerbsrecht versierten Anwalt oder Sie lassen sich einen von der IHK empfehlen. Eine Kopiervorlage für eine Checkliste finden Sie bei den Mustertexten weiter hinten.

Zur Prüfung einer Abmahnung hat sich dieses Vorgehen bewährt:

1. Eingangsdatum festhalten (Posteingangsstempel)

2. Zustellungsart festhalten (einfacher Brief, Einschreiben, Einschreiben mit Rückschein oder Postzustellungsurkunde)

3. Bei Abmahnung durch Anwalt: Liegt eine Vollmacht bei, leider nicht mehr erforderlich?
4. Stimmt die Zustellungsanschrift?

5. Welche Fristen werden gesetzt? (Postlaufzeit beachten, wenn keine Antwort per Fax möglich ist)

6. Unbedingt sofort Informationen über Abmahner beschaffen!
   a) bei der eigenen IHK
   b) bei der für den Sitz des Abmahners zuständigen IHK
   c) beim Berufsverband, z. B. IVD
   d) bei der Wettbewerbszentrale in Bad Homburg, Tel.: 06172/12150

7. Beurteilung des Abmahners
   a) Anwalt im Mandat eines Mitbewerbers:
      - echter Mitbewerber?
      - regionales oder überregionales Wettbewerbsverhältnis?
      - Anwalt bekannt für zahlreiche oder gelegentliche Abmahnungen?
      - prozessfreudig?
      - Gebührenanwalt?
   b) Wettbewerbsverein, eventuell auch durch Anwalt
      - wo im Vereinsregister eingetragen?
      - gilt als seriös oder unseriös? (Gebührenverein)
      - regional oder überregional tätig?

- Zusammenschluss von Verbrauchern/Gewerbetreibenden/Mischverein?
- zahlreiche oder nur gelegentliche Abmahnaktivitäten?
- prozessuale Durchsetzung von Unterlassungsansprüchen?
- weitergehende Informations- und Beratungstätigkeit?
- einschlägig bekannter Anwalt?
- Klagebefugnis nach § 8 UWG?

8. Beurteilung der Abmahnung
   a) formal in Ordnung? (genau bezeichneter Wettbewerbsverstoß, richtige Zustellanschrift, usw.)
   b) liegt tatsächlicher Wettbewerbsverstoß vor?
   c) ist die Frist zur Abgabe der Unterlassungserklärung in Ordnung?
   d) ist die Unterlassungserklärung konkret und eng genug gefasst?
   e) ist die Höhe der Vertragsstrafe in Ordnung?
   f) ist die Gebührenrechnung in Ordnung?

Für Wettbewerbsvereine: Auslagenpauschale von 0 Euro bis ca. 250 Euro,
Bei Anwälten für Mitbewerber: Abrechnung nach Gegenstandswerten, in der Regel ab 5.000 Euro, oft 10.000 bis 50.000 Euro. Anwaltsgebühren dann von ca. 400 bis 1.500 Euro.

Wichtig bei Serienabmahnern oder unseriösen Vereinen:
Nicht sofort Gebührenersatz leisten!

9. Was ist zu tun bei mehreren Abmahnungen auf denselben Wettbewerbsverstoß?
   a) Reihenfolge des Eingangs festhalten
   b) Prüfen aller Abmahnungen nach obigem Schema
   c) wenn Wettbewerbsverstoß vorliegt: Angebot, dass der Wettbewerbshüter eine einstweilige Verfügung beantragen soll, die man dann anerkennt. Dann entfällt teilweise die Gebührenzahlung für die Abmahnung. Oder Unterlassungserklärung dem Anspruchsteller gegenüber abgeben, der die Gewähr für die Überwachung der Unterlassungserklärung bietet, und dann en anderen Anspruchstellern eine entsprechende Erklärung mit Kopie der Abmahnung und Unterlassungserklärung zuschicken.
   d) Gebührenzahlung?
      - bei mehreren Vereinen: der Verein bekommt die Pauschale, der die Unterlassungserklärung bekommt (s.o. Punkt 8f)
      - bei mehreren Mitbewerbern: alle Anwälte bekommen die Gebühren, Ausnahme: ein Anwalt mahnt für mehrere Mitbewerber denselben Verstoß ab (Missbrauch).
      - bei Vereinen und Mitbewerbern: ein Verein, der die Unterlassungserklärung bekommt, und alle Mitbewerber.

Wenn die Prüfung ergeben hat, dass Sie einen Wettbewerbsverstoß begangen haben und der Abmahner nicht missbräuchlich handelt, geben Sie eine enggefasste Unterlassungserklärung mit einem unbestimmten Vertragsstrafeversprechen und einer auflösenden Bedingung (Muster unter 8) ab, oder Sie machen das Angebot, eine einstweilige Verfügung anzuerkennen.

Die Gültigkeit der Unterlassungserklärung ist nicht von der Zahlung der geforderten Rechtsanwaltsgebühren oder der Gebührenpauschalen abhängig. Überlegen Sie deshalb, ob die geforderten Gebühren gezahlt werden sollen, oder ob Sie darüber einen Prozess führen. Das Gericht muss bei einer Klage des Abmahners nämlich prüfen, ob die Gebührenforderung zu Recht erfolgt ist. Das ist nur der Fall, wenn Abmahner und Abmahnung berechtigt sind.

Nach Abgabe einer strafbewehrten Unterlassungserklärung oder Anerkenntnis einer einstweiligen Verfügung unbedingt dafür Sorge tragen, dass alle Mitarbeiter von dem Wettbewerbsverstoß und der Abgabe der Unterlassungserklärung Kenntnis bekommen, damit der gleiche Fehler in der Zukunft nicht mehr wiederholt wird.

Bei Urheberrechtsverstößen im Internet ist besonders darauf zu achten, dass die abgemahnte Datei gelöscht wird. Es reicht nicht die Verlinkung zwischen Datei und Homepage zu löschen. Zusätzlich sollte man bei den Suchmaschinen abgespeicherte Cache-Dateien löschen bzw. löschen lassen. Dokumentieren Sie dieses gut, da sonst die Zahlung von Vertragsstrafen drohen, wenn doch noch eine solche alte Datei gefunden wird.
Der Google-Cache liefert manchmal ganz erstaunliche Ergebnisse von eigentlich nicht mehr existierenden Inhalten aus dem Netz. In diesem Fall Google anschreiben und zur Löschung auffordern.

Wichtig! Schreiben Sie auch die Zeitungen an in denen Sie regelmäßig Anzeigen schalten und weisen Sie diese auf die abgegebene Unterlassungserklärung hin. Weisen Sie weiter vorsorglich auf Regressansprüche gegen die Zeitung hin, falls diese trotzdem eine fehlerhafte Anzeige wiederholt oder durch einen Druckfehler den Fehler wieder begeht.

Sollte die Prüfung aber ergeben haben, dass die Abmahnung unberechtigt ist, weisen Sie diese zurück. In beiden Fällen sollten sie sich von der IHK oder ihrem Berufsverband beraten oder durch einen Anwalt vertreten lassen. Anfallende Anwaltsgebühren gehen in der Regel allerdings zu ihren Lasten. Wo Sie Hilfen bekommen, können Sie der Aufstellung unter 7 entnehmen.

6. Erlaubtes und Verbotenes in der Immobilienwerbung

Rechtsstand: 7/2015

Erlaubt	Verboten
Die nachfolgenden Beispiele sind **keine** kompletten Texte, sondern nur die Ausschnitte für einen entsprechenden Text.	

Preisangaben, Preisaufgliederungen, Preisbestandteile

Erlaubt	Verboten
a) Eigentumswohnung, Essen, 3½-Zimmer, Balkon, 80 m^2, 2.000 EUR/m^2, **Kaufpreis 160.000 EUR**	Mehrere Eigentumswohnungen zum Kaufpreis von nur 2.000 EUR/m^2 (KG vom 02.02.95, AZ 25 W 612/95)
Eigentumswohnungen von 50 bis 95 m^2, 2 bis 4 Zimmer, Balkone, KP von 75.000 € bis 155.000 €	
Mehrere Baugrundstücke ab 300 m^2, m^2-Preis 100 €, KP ab **30.000 €**	Baugrundstücke ab 100 €/m^2 am Stadtrand von Berlin
Baugrundstücke, ca. 300 - 900 m^2, KP von 30.000 € bis 90.000 €	
Büroetage oder Ladenlokal, Miete 20 €/m^2 + NK + 19 % MwSt. (Hinweis auf NK ist bei gewerblichen Mietobjekten nicht erforderlich)	
b) 1-Fam.-Haus in Bonn-Beuel, 5 Zi., 135 m^2 Wohnfl., Terrasse, schöner Garten, sehr gute Ausstattung Preis auf Anfrage (hier sah früher das Kammergericht Berlin die Grenze von der Werbung zum Angebot überschritten, anders BGH Sonnenring-Entscheidung)	

Erlaubt	Verboten
Villa, Görlitz, Wohn- und Gewerbeobjekt, Wfl. 400 m², Laden 120 m², KP gegen Gebot	
1-Fam.-Haus in Bonn, 150 m², KP 250.000 € VB oder VHS	1-Familienhaus in Bonn, 150 m², KP ca. 250.000 €
Baugrundstück, 550 m², für 1½-gesch. freistehendes 1-Fam.-Haus in Köln-Nippes zu verkaufen. KP 110.000 €	
Baugrundstück, 550 m², für 1½-gesch. freistehendes 1-Fam.-Haus in Köln-Nippes zu verkaufen. KP auf Anfrage oder Verkauf gegen Gebot	
c) Haus/ETW, Essen gute Lage, Kaufpreis Haus 250.000 € + Garage 10.000 € = 260.000 € oder **260.000 €** oder Gesamtpreis 260.000 €	Haus/ETW, Essen, gute Lage, KP Haus 250.000 € + Garage 10.000 € (s.o. 1a)
Eigentumswohnung inkl. Einstellplatz KP 180.000 €	Eigentumswohnung, 170.000 € + (und) Einstellplatz 10.000 € (wenn nur zusammen gekauft werden kann)
ETW 80 m², KP 170.000 €, Kauf Einstellplatz 10.000 € möglich	
Baugrundstück, 500 m², KP 100.000 € + Erschließungskosten (Erschließungskosten sind meistens kein Preisbestandteil der Immobilie, da sie in der Regel an einen Dritten zu zahlen sind und häufig in der Höhe nicht feststehen)	
d) Haus/ETW 120 m², **KP 350.000** €, erforderliches Eigenkapital 90.000 €	Haus/ETW 120 m², Eigenkapital von 90.000 € erforderlich (ohne Nennung des Endpreises)

Erlaubt	Verboten
Haus/ETW 120 m², **KP 180.000 €**, eine günstige Finanzierung kann vermittelt werden	Haus /ETW, 120 m², monatliche Belastung nur 900 €
e) Haus/ETW 120 m², KP 150.000 € zuzügl. Erbpacht 80 €/Monat, 99 Jahre Erbbaurecht	Haus/ETW, 120 m², KP nur 150.000 € (wenn noch Erbpacht zuzahlen ist)
Mehrfam.-Haus, KP 400.000 €, Anzahlung 100.000 €, Rest monatl. Rente 800 €	Mehrfam.-Haus, Anzahlung 100.000 €, Rest Rente monatlich auf Lebenszeit
Haus, 4 Räume, 115 m², inkl. Keller aber ohne Grundstück, KP 160.000 € (Fertighaus oder Bauträger mit Typenhäusern)	Haus, 4 Zimmer 115 m², KP160.000 € inkl. Keller (fehlender Hinweis auf das nicht vorhandene Grundstück, im Bauträger- oder Fertighausbereich)
f) Neubau-Büroetage, KP 357.000 € (Mehrwertsteuer aus weisbar)	Büroetage, 120 m², KP 300.000 € + 19 % MwSt./Mehrwertsteuer
g) Ladenlokal 80 m², 110 €/m² + MwSt.	
Büroetage, Berlin, 200 m², Miete 3.500 € + NK + 19 % MwSt. (Hinweis auf NK ist bei Gewerbeobjekten nicht erforderlich)	
h) Bürogebäude, Berlin, gut vermietet, hervorragende Kapitalanlage, Mieteinnahmen 195.000 €, Kaufpreis 3.570.000 € (inkl. Mehrwertsteuer)	Lagerhalle, 8.000 m², Fertigstellung 2010, KP 5 Mio. € + 19 % MwSt. (Zulässig wenn nur Eigennutzer angesprochen werden, unzulässig wenn Kapitalanleger angesprochen werden)

Festpreis, notarieller Festpreis

Erlaubt	Verboten
a) Haus/ETW, Festpreis 180.000 €	Haus, notarieller Festpreis 180.000
ETW, garantierter Festpreis 180.000 € (dürfte nur bei Bauträgern vorkommen)	ETW, notariell garantierter Festpreis 180.000 € (kein Notar wirkt bei der Preisgestaltung mit, deshalb irreführend)

Erlaubt	Verboten

Provision und Provisionsangabepflicht

Erlaubt	Verboten
a) Haus/ETW, KP 200.000 € + 3,57 % Maklerprovision (Höhe muss angegeben werden, §§ 5, 5a UWG)	Haus/ETW, 200.000 €, Maklerprovision 3 % + MwSt.
	Haus/ETW (bei Steuersparmodell hauptsächlich), 120 m², Gesamtaufwand 280.000 € (falls nicht Gesamtkosten)
Haus/ETW, KP 180.000 €, 3,57 % Provision (Provision muss angegeben werden obwohl Maklertätigkeit ersichtlich ist, §§ 5, 5a UWG)	Haus/ETW, Gesamtpreis 180.000 € wenn Maklerprovision dazu kommt)
b) Haus/ETW, KP 180.000 €, 3,57 % Maklerprovision Makler Müller oder Müller Immobilien (Provisionsangabe ist erforderlich, §§ 5, 5a UWG)	Haus/ETW, 180.000 € Verkauf durch Terra GmbH (Da hier nur die Gewerblichkeit, nicht aber Provisionspflichtigkeit, erkennbar ist, hätte hier ein Hinweis auf die Maklerprovision erfolgen müssen, KG 30.01.95, AZ: 25 U 1688/94 u. weitere Entscheidungen des KG, OLG Stuttgart u. OLG Frankfurt, Senat Kassel, 2013 auch LG Berlin)
c) Ladenlokal, 100 m², Miete 2.000 €, Provision 3 Monatsmieten + 19 % MwSt. oder Provision 6.000 € + 19 % MwSt.	Büroetage, 200 m², Miete 15 €/m², Provision 3 % vom 10 Jahresvertrag + 19 % MwSt. oder 3 Monatsmieten + 19 % Mehrwertsteuer

Provisionsfrei, kostenlose Tätigkeit u.ä.

Erlaubt	Verboten
a) Einfamilienhaus, ... KP 250.000 €, keine zusätzliche Maklerprovision	Einfamilienhaus, ... KP 250.000 €, keine Maklerprovision (wenn Maklerprovision des Käufers dem Kaufpreis zugeschlagen ist)
b) ETW, ..., KP 170.000 €, keine Maklerprovision (nur bei Eigenobjekt des Maklers oder bei Bauträgern)	

Erlaubt	Verboten
c) Hausverwaltung XYZ vermietet folgende Mietwohnungen: ...	Provisionsfreie Vermietung folgender Mietwohnungen: ... (das Bestellerprinzip gilt für Makler, deshalb sind Mietangebote von Maklern provisionsfrei, damit ist ein Hinweis auf Provisionsfreiheit eine unzulässige Werbung mit einer Selbstverständlichkeit)
d) Kostenlose Wertermittlung ... (zulässig wenn in der Region nicht allgemein üblich) Kostenlose Finanzierungsberatung ...	Kostenlose Wertermittlung ... (unzulässig wenn in der Region Kostenlose Finanzierungsvermittlung Kostenlose Beratung ... Kostenloser Exposéversand ... Kostenlose Kundenkartei ... Kostenlose Besichtigungen ...

Finanzierungsangebote, Zinsen

Erlaubt	Verboten
a) Haus, KP 200.000 €, günstige Finanzierungsvermittlung	Haus, KP 200.000 €, günstige Finanzierungsbeschaffung (beschaffen ist von den Gerichten nicht mit vermitteln gleichgesetzt worden)
ETW, KP 170.000 €, günstige Althypothek kann Eventuell übernommen werden	ETW, KP 170.000 €, Hypothek 100.000 € kann übernommen werden
b) Haus, KP 200.000 €, Hypothek 100.000 € zu 4,35 % Sollzinssatz, 4,65 % effektiver Jahreszins fest für 10 Jahre bei 100 % Auszahlung kann vermittelt werden	Haus, 200.000 €, Hypothek 100.000 € nur 4,05 % Zins (4,35 % eff. JZ) und ähnliche sinnentstellende Abkürzungen

Steuervorteile, Steuersparen, Renditeversprechen

Erlaubt	Verboten
a) Immobilien mit Denkmal-AfA, Eigentumswohnungen in Berlin ...	Hohe Steuervorteile durch den Kauf einer vermieteten Immobilie!
b)	Wir beraten Sie über die Steuervorteile beim Immobilienkauf!

Erlaubt	Verboten
c) Mehrfamilienhaus, 8 % Rendite (wenn dies aus den Einnahmen erwirtschaftet wird, alle Berechnungsfaktoren müssen bekannt gegeben werden)	30 % Rendite (wenn dieser Steuervorteil nur aus dem Veräußerungsgewinn zu erzielen ist und nicht darauf hingewiesen wird)
	Hohe Rendite (im Zusammenhang mit Erwerber- oder Bauherrenmodellen ohne Hinweis auf das Risiko einer solchen Anlage)

Prämien, Rabatte und Zugaben

Erlaubt	Verboten
a) Letztes Haus, 1-Fam.-Haus, 120 m², 180.000 €, Rabatt 10 % bei Abschluss Notarvertrag, …	
b) Die letzte Eigentumswohnung geben wir mit einem Preisvorteil von 10.000 € ab.	
c) 1-Fam.-Hausneubau, Bonn, 140 m² Wohnfl., zur Ausstattung gehört auch eine Einbauküche von Miele nach Ihrer Wahl im Wert von 15.000 €, KP 290.000 €	1-Fam.-Hausneubau, Bonn, 140 m² Wohnfl., wir schenken Ihnen einen Opel Corsa Sondermodell, KP 290.000 €

Brutto/Netto

Erlaubt	Verboten
a) Mehrfamilienhaus, Köln, 12 WE, Bruttomieteinnahmen oder Nettomieteinnahmen 60.000 €, …	
b) Büroetage, 200 m², Nettomiete 20 €/m² Ladenlokal, 100 m², 45 €/m² Nettomiete	

Erlaubt	Verboten

Neubau, Projektierte ..., Haus im Haus (ETW)

Erlaubt	Verboten
a) Neubau, 1-Fam.-Häuser, 120 m², Baustellenberatung am Objekt, (ohne Hinweis auf Baubeginn oder Fertigstellungstermin, KG vom 31.10.94, AZ 25 U 8278/93)	
Neubau, 1-Fam.-Häuser, 120 m², Baubeginn September 2016, ...	
Projektierte ETW in Köln, Baubeginn 8/2015, Fertigstellung voraussichtlich 12/2016	
Proj. ETW in Köln, Fertigstellung voraussichtlich 12/2016	
b) Stadthaus, Wohneigentum nach WEG, 120 m², KP inkl. Kaufgrundstück nur 250.000 €	Stadthaus, 120 m², besonders preiswert, KP nur 250.000 € (ohne deutlichen Hinweis, dass es sich hier nur bautechnisch um ein Reihenhaus handelt, juristisch aber Wohnungseigentum vorliegt)

Vermietet, frei ab

Erlaubt	Verboten
a) Essen, 1-Fam.-Haus, 120 m², Bauj. 85, 5 Zimmer, Garage, KP 200.000 € (auch wenn das Haus vermietet ist, oder vom Verkäufer noch nicht sofort geräumt wird, ist kein Hinweis erforderlich. BGH I ZR 132/91 vom 03.12.92)	
4-Raum-ETW, Bonn, 72 m², verm., zu verkaufen, KP 180.000 € (Abkürzung verm. nicht irreführend, (KG Berlin 11.02.93, AZ 25 U 2466/92)	
Essen, 1-Fam.-Haus, 120 m², Bauj. 85, frei ab Sommer 2016, KP 200.000 €	

Erlaubt	Verboten

Flächenangaben und -bezeichnungen

Erlaubt	Verboten
a) Wohnfläche 150 m² Grundstück 950 m²	Wohnfläche 125 qm (Gesetz über Einheiten im Messwesen i.V. m. Ausführungsverordnung zum Gesetz über Einheiten im Messwesen)
b) 1-Fam.-Haus, Wohn-/Nutzfläche 125 m² (Wohn-/Nutzfl. in 1 Zahl, wenn kein Missverhältnis zwischen den Flächenarten besteht, 2/3 zu 1/3 bei Wohnimmobilien, so KG Berlin + LG Hamburg und auch OLG München) Anderer Ansicht OLG Hamm vom 30.01.92, Az: 4 U 41/91. Der Gutachterausschuss für Wettbewerbsfragen beim DIHK hält unter den vorgenannten Prämissen die Werbung für zulässig.	1-Fam.-Haus, 125 m² WNFl., Wfl./Nfl. (WNFl., WFl/NFl oder ähnliche Abkürzungen, da hier Verwechslungsgefahr mit Wohnnettofläche oder Nettowohnfläche KG Berlin + OLG München aber nur für Abkürzung WNFl.)
Wohn-/Nutzfläche 150 m², davon 70 m² Nutzfläche	
Wohnfl. 80 m², Nutzfl. 70 m²	
1-Fam.-Haus, Wfl.-/Nfl. 125 m² … (Das OLG München hält diese Abkürzung für zulässig, Az. 29 W 2546/98 vom 16.09.98).	
c) 1-Fam.-Haus, Nutzfläche 125 m² (die Bezeichnung der Gesamtfläche als Nutzfläche bei reinen Wohnimmobilien ist nicht irreführend, (KG Berlin 07.06.90, 25 U 6455/89, bestätigt v. BGH I ZR 210/90)	
d) Wohn-/Geschäftshaus, Wohn-/Nutzfläche 600 m²	

Erlaubt	Verboten
e) 1-Fam.-Haus, Köln, 6 Zimmer, schönes Grundstück, gute Ausstattung, KP 300.000 € (es ist keine Wohnflächenangabe erforderlich, LG München I, 28.01.93, 4 HKO 14826/92, anders LG Hannover, 21a O 167/96 vom 10.12.96)	

Biohaus, baubiologisch, ökologische Bauweise u.ä.

Erlaubt	Verboten
a)	1-Familien-Biohaus, 130 m² Wohnfl., in Essen, …
	2-Familien-Ökohaus, 130 m² Wohnfl., …
b)	Wir erbauen nach baubiologischen Gesichtspunkten 1-Familienhäuser, oder Wir erbauen nach ökologischen Gesichtspunkten 1-Familienhäuser

Firmenbezeichnung, -aussagen, Verbandszugehörigkeit

Erlaubt	Verboten
a) Firmierung auf Briefbögen Adam Maier Immobilien oder Makler Adam Maier oder Adam Maier, Grundbesitz	Maier-Immobilien oder Makler-Maier oder Maier-Grundbesitz o.ä.
b) Firmierung in Anzeigen o.ä. Haus, KP 300.000 €, City Immobilien Müller	City Immobilien
Haus, KP 300.000 €, Immobilien Müller GmbH (GmbH-Zusatz muss in der Zeitungswerbung erscheinen)	Haus, KP 300.000 €, Immobilien Müller (Rechtsformzusatz erforderlich, § 5a UWG)
1-Fam.-Haus in Köln zu verkaufen, Immobilien Müller und Partner GbR Immobilien Müller & Partner GmbH (Nur noch bei Altfirmen mit HR-Eintrag möglich)	1-Fam.-Haus in Köln zu verkaufen, Immobilien Müller und Partner (unzulässig ohne Rechtsformzusatz gem. PartnerschaftsgesellschaftsG)

Erlaubt	Verboten
c) Verbandszugehörigkeit als Maklerhinweis Eva Müller Immobilien IVD Adam Mai, IVD-Makler	Eva Müller, IVD
d) Wohnanlage zu verkaufen, Müller Immobilien (OLG Celle vom 05.06.96, 13 U 287/95, anders LG Dortmund vom 31.01.97, 18 O 170/96)	Imm., Imo., Imb., Hsm., Mkl., strittig für Immo., Immob.
Wohnanlage in Köln zu verkaufen, KP 2,3 Mio. €, 3,57 % Maklerprovision, Terra GmbH	Wohnanlage in Köln zu verkaufen, 25 WE, KP 2,3 Mio. €, Terra GmbH
e) Wir sind die Nr. 1 der Branche ... (die Werbeaussage wäre dann zulässig, wenn tatsächlich die größte und umsatzstärkste Firma so wirbt, Beweisfrage).	XYZ Immobilien, wir sind stets bemüht, die kleinste Nummer unserer Branche zu sein **Die Nr. 1** (Wenn so von einer kleinen Firma o. am Markt neuen Firma geworben wird)
Der größte ..., der älteste Makler am Ort (nur wenn tatsächlich der umsatzgrößte oder älteste Maklerbetrieb vorliegt. Beweisfrage sehr schwierig).	
f) XYZ-Immobilien, Fachmakler für Hotels und Gaststätten oder YZ-Immobilien, Spezialmakler für Gewerbeimmobilien (Wenn nur im angegebenen Zweig gearbeitet wird).	ZYX-Immobilien, Fachmakler für Immobilien (Immobilien ist ein allumfassender Gattungsbegriff und man kann nicht für alles aus der Gattung Fachmakler sein)

Wohnraumvermittlung

a) X-Immobilien-GmbH vermittelt Mietwohnungen (allgemeine Werbung)	X-Immobilien-GmbH bietet an: 5 3-Raum- Wohnungen, 80 m², Essen-Mitte, (Angabe der Miete erforderlich)

Erlaubt	Verboten
b) 3½-Raum-Wohnung, Miete 600 € + NK	3½-R.-Wohnung, Kaltmiete 600 € (wenn hier noch Nebenkosten dazu kommen)
3½-Raum-Wohnung, Miete 800 € inkl. NK	3½-Raum-Wohnung, Warmmiete 800 €
3½-Raum-Wohnung, KM 600 € + NK	3½-Raum-Wohnung, KM 750 € (OLG Braunschweighält die Werbung für zulässig, auch OLG Saarbrücken für das Saarland, ebenso LG Itzehoe u. LG Hannover, für unzulässig halten diese Bezeichnung die OLGe Berlin, Schleswig, Bremen, Hamm, Düsseldorf u.a.)
3½-Raum-Whg., Warmmiete 800 € inkl. NK u. Hzg.	3½-R.-Wohnung, Warmmiete 800 €
3½-Raum-Wohnung, 75 m² x 7 €/m²= 525 € + NK	3½-Raum-Wohnung, 75 m², 7 €/m² + NK
Mehrere 3½-R.-Wohnungen von 75, 90 u. 105 m², Mieten 525, 630 u. 735 € (7 €/m²) jew. + NK	Mehrere 3½-R.-Wohnungen, 75, 90 und 105 m², Mieten von 525 bis 735 € (7 €/m²) jew. + NK
Mehrere 3½-R.-Wohnungen von 75, 90 u. 105 m², Mieten 525, 630 u. 735 € (7 €/m²) jew. + NK	Mehrere 3½-R.-Wohnungen, von 75 bis 105 m², 7 €/m², ab 525 € + NK
Mehrere Neubauwohnungen zu vermieten, Makler Müller	Mehrere 3½-R.-Neubauwohnungen in Neuss, Kaarst u. Mettmann von 75 - 90 m², alle mit Balkon, gute Ausstattung, zu vermieten, Makler Müller
20 3½-R.-Neubauwohnungen in Köln zu vermieten, alle mit Balkon, 75 m² = 525 €, 85 m² = 595 €, 95 m² = 665 €, jew. + NK, weitere Wohnungen auf Anfrage	20 3½-R.-Neubauwohnungen in Köln zu vermieten, 75, 85 und 95 m², alle mit Balkon, z. B. 75 m² nur 525 € + NK oder von 525 bis 665 €, jew. + NK

Erlaubt	Verboten
c) 3½-Raum-Wohnung, 75 m², Miete 525 € + NK, Anmietung Garage 55 € mögl.	3½-Raum-Wohnung, 75 m², Garage, Miete 525 € + NK + 55 € Garage
3½-R.-Wohnung, 75 m², Garage, Miete Wohnung 525 € + NK + Garage 55,- € = **580,- €** + NK	3½-R.-Wohnung, 75 m², Garage, Miete 525 € + NK + Garage
d) 4-R.-Wohnung, 80 m², Miete 560 € + NK + Kaution 1.120 €	
4-R.-Wohnung, 80 m², Miete 560 € + NK + Kaution	
e) Wohnung, 75 m², 525 € + NK, XY-Immobilien GmbH	Wohnung, 525 € + NK, XY-GmbH
Wohnung, 75 m², 525 € + NK, Inge Müller, Wohnungsvermittlung oder Makler oder Immobilien	Wohnung, 525 € + NK, Müller Imm. *oder* gew.
f)	Mietwohnung, 3½-Zi., 80 m², 560 € (wenn kein Auftrag des Verfügungsberechtigten vorliegt, Vermieter oder Mieter m. Erlaubnis des Vermieters zur Untervermietung)
g) Makler XYZ vermietet folgende Mietwohnungen: 3 Zimmer, 75 m², Balkon, ...	Makler XYZ vermietet provisionsfrei folgende Mietwohnungen: 3 Zimmer, 75 m², Balkon, ... (das Bestellerprinzip gilt für Makler, deshalb sind Mietangebote von Maklern gesetzlich provisionsfrei, ein Hinweis auf „provisionsfrei“ ist eine unzulässige Werbung mit einer Selbstverständlichkeit)
h) Makler XYZ vermietet folgende Mietwohnungen: 3 Zimmer, 75 m², Balkon, ..., Energieausweis in Vorbereitung, Besichtigungstermine erst nach Erstellung Energieausweis.	Makler XYZ vermietet folgende Mietwohnungen: 3 Zimmer, 75 m², Balkon, ..., Energieausweis in Vorbereitung, Besichtigungstermine sofort möglich. (Bei der Besichtigung muss der Energieausweis ausliegen, sonst drohen Abmahnungen und Bußgelder)

Erlaubt	Verboten

Baustellenberatung am Sonntag, Neubaubesichtigung

Erlaubt	Verboten
a) Baustellenbesichtigung Samstag + Sonntag im Objekt Musterstr. 1, jeweils von 14 - 17 Uhr. (In 13 Bundesländern ist die Beratung am Sonntag für 4 Stunden durch sog. Bedarfsgewerbeverordnungen erlaubt, Ausnahme: Hamburg, Hessen u. Sachsen).	
b) Feiern Sie die Rohbaufertigstellung am Wochenende. Besichtigung Sa und So von 12 - 16 Uhr, für Ihr leibliches Wohl ist gesorgt!	

Werbung mit Beratungstätigkeit über Miet- und Kaufverträge

Erlaubt	Verboten
a) Wir informieren unsere Kunden umfassend bei Kauf/Verkauf, Vermietung und Anmietung, keine Rechts- und Steuerberatung	Wir beraten unsere Kunden in allen Angelegenheiten bei Kauf/Verkauf, Vermietung und Anmietung. (Verstoß gegen das Rechtsdienstleistungsgesetz)
b) Wir betreuen als Hausverwalter auch Ihre Immobilie umfassend, Buchhaltung, Neuvermietung, Reparaturen u.a.. Unser umfassender Service umfasst aber keine Rechts- und Steuerberatung	Wir beraten Sie als Hausverwalter umfassend und betreuen Sie auch bei Abschluss günstiger Mietverträge, führen das Mietinkasso durch und führen Mahnverfahren bis zur Räumungsklage durch. (Verstoß gegen das Rechtsdienstleistungsgesetz)

Chiffre-Anzeigen, Eigenverkauf u. ä.

Erlaubt	Verboten
a) 1-Familienhaus, ... KP 350.000 €, + 3,48 % Provision, Müller Immobilien GmbH, Zuschriften unter Chiffre-Nr. 111 an die Zeitung	1-Familienhaus, KP 350.000 €, Zuschriften unter Chiffre-Nr. 111 an die Zeitung. (Werbung darf nur mit Hinweis auf die Maklereigenschaft und Namensnennung erfolgen. Ausnahme: Bei der Werbung für Verkäufe aus dem eigenen Vermögensbestand)

Erlaubt	Verboten
b) Mehrfam.-Haus, ..., KP 800.000 €, A. Müller, Tel. ... (Zulässig wenn aus dem Privatbesitz des Maklers, entgegen Berliner Rechtsprechung ist kein Hinweis auf den Beruf als Immobilienmakler erforderlich, BGH vom 22.04.93 AZ: I ZR 75/91)	
c) Makler kann auf Chiffre-Anzeigen in der Zeitung antworten und seine Dienste dem Inserenten anbieten, die Zeitung muss diese Briefe an den Inserenten weiterleiten, es ist keine wettbewerbswidrige Ausnutzung des Chiffredienstes der Zeitungen (BGH 06.07.89, AZ: I ZR 111/87)	

Werbung per Telefon, Fax, Email oder SMS

a) Telefonate, Telefaxe, Email oder SMS an **Verbraucher**

Erlaubt	Verboten
Nur mit ausdrücklicher vorheriger Einwilligung	Telefonate, Telefaxe, Email oder SMS unzulässig ohne ausdrückliche vorherige Einwilligung gegeben haben

b) Telefonwerbung an **Firmen, Gewerbetreibende und Freiberufler**

Erlaubt	Verboten
Nur mit deren zumindest mutmaßlicher Einwilligung.	Unzulässig ohne zumindest mutmaßlicher Einwilligung

c) Telefax-, SMS- und Emailwerbung an **Verbraucher und sonstige Marktteilnehmer**

Erlaubt	Verboten
Zulässig nur wenn ausdrückliche vorherige Einwilligung vorliegt	Unzulässig wenn keine ausdrückliche vorherige Einwilligung vorliegt

Erlaubt	Verboten

Firmenname, Firmierung (Briefbogen, Fax, E-Mail)

Erlaubt	Verboten
a) Impressum Gewerbetreibender: Max Muster Immobilien, Beispielstr. 1, 12345 Musterdorf Tel.: 0123/65432, Fax: 0123/65431 E-Mail: info@musterimmobilien.de Aufsichtsbehörde: Ordnungsamt Kreis Irgendwo Postfach 987, 12345 Musterdorf	Max Muster Immobilien, Postfach 101, 12345 Musterdorf oder Muster Immobilien, Beispielstr. 1, 12345 Musterdorf
b) Impressum GmbH: Muster Immobilien GmbH, Beispielstr. 1, 12345 Musterstadt, Handelsregister: AG Musterstadt HRB 9876, GF: Max Muster Tel.: 0123/65432 Fax: 0123/65431 E-Mail: info@musterimmobiliengmbh.de Aufsichtsbehörde: Ordnungsamt Musterstadt, Postfach 987, 12345 Musterstadt	Muster Immobilien GmbH, Beispielstr. 1, 12345 Musterstadt

Tippprovisionen

Erlaubt	Verboten
a) Bei einem Tipp der zu einem erfolgreichen Abschluss und Bezahlung der Provision führt, erhalten Sie nach Eingang der Provision 10 % der Nettoprovision als Dankeschön für Ihre Empfehlung.	Für Ihre Empfehlung erhalten Sie nach Eingang der Maklerprovision bei einem Verkauf 2.000 Euro und bei einer Vermietung 500 Euro als kleines Dankeschön für die Empfehlung.

Tippprovisionen sind generell zulässig, dürfen aber nicht zu hoch sein. Die Rechtsprechung hat bis zu 10 % der Maklerprovision zugelassen. Absolute Beträge könnten problematisch sein, besser ist deshalb ein bestimmter aber nicht zu hoher Anteil an der Nettoprovision. Steuerberater, Rechtsanwälte und Notare sollten Sie davon ausschließen und das auch ausdrücklich in der Werbung aufführen, entweder als Sternchenhinweis oder in Klammern. Wichtig ist auch, dass der Empfohlene der Bekanntgabe seiner Daten zugestimmt hat.

Erlaubt	Verboten

Pflichtangaben gem. § 16a EnEV 2014 (seit 01.05.2014)

Wenn eine Immobilienanzeige in kommerziellen Medien aufgegeben wird und liegt zu diesem Zeitpunkt ein Energieausweis vor, so müssen die Immobilienanzeigen für Verkauf oder Vermietung folgende Pflichtangaben enthalten:

1) Die Art des Energieausweises: Energiebedarfsausweis oder Energieverbrauchsausweis im Sinne des § 17 Absatz 1 Satz 1,

---

2) den im Energieausweis genannten Wert des Endenergiebedarfs oder Endenergieverbrauchs für das Gebäude,

---

3) die im Energieausweis genannten wesentlichen Energieträger für die Heizung des Gebäudes,

---

4) bei Wohngebäuden das im Energieausweis genannte Baujahr und

---

5) bei Wohngebäuden die im Energieausweis genannte Energieeffizienzklasse.

Bei Nichtwohngebäuden ist bei Energiebedarfs- und bei Energieverbrauchsausweisen als Pflichtangabe nach Satz 1 Nummer 2 der Endenergiebedarf oder Endenergieverbrauch sowohl für Wärme als auch für Strom jeweils getrennt aufzuführen.

Erlaubt	Verboten
a) Projektierte Einfamilienhäuser, Baubeginn Frühjahr 2016, 135 m² Wohnfl., Grundstücke von 350 – 385 m², Gas-Hzg., (keine Angaben zum Energieausweis erforderlich, da dieser erst mit der Baufertigstellung erstellt wird)	Projektierte Einfamilienhäuser, Baubeginn Frühjahr 2016, Gas-Hzg., Energiebedarfsausweis, Endenergiebedarf 51,3 kWh/a (Es kann noch keinen Energieausweis geben, da dieser erst nach Fertigstellung des Gebäudes erstellt wird)

Erlaubt	Verboten
b) Einfamilienhaus, Bj. 2005, Wohnfl. 140 m², Gashzg, Bedarfsausweis, Endenergiebedarf 95 kWh/A, Energieeffiziensklasse C	Einfamilienhaus, Bj. 2005, Wohnfl. 140 m², Gashzg, Energieeffiziensklasse C (Je nach Energieausweis und Immobilie müssen alle entsprechenden Werte angegeben werden, sonst droht eine Abmahnung und ein Bußgeld)
c) Makler XYZ bietet folgende Eigentumswohnungen an: 3 Zimmer, 75 m², Balkon, ..., Energieausweis in Vorbereitung, Besichtigungstermine erst nach Erstellung Energieausweis.	Makler XYZ bietet folgende Eigentumswohnungen an: 3 Zimmer, 75 m², Balkon, ..., Energieausweis in Vorbereitung, Besichtigungstermine sofort möglich. (Bei der Besichtigung muss der Energieausweis ausliegen, sonst Drohen Abmahnungen und Bußgelder)

Das neue Widerrufsrecht §§ 312 ff BGB und Pflichtangaben §§ 355 ff BGB

Verwenden Sie nur das amtliche Muster der Widerrufsbelehrung zum richtigen Zeitpunkt, vor oder unmittelbar bei Vertragsabschluss.	Änderungen am Text, außer den vom Gesetz verlangten Einfügungen der Firmen- und Kommunikations- und Adressdaten, kann zur Nichtigkeit und damit a) zu Abmahnungen und b) zu Provisionsverlusten führen.
Die erste Information zum Widerrufsrecht muss dem Kunden vor seiner „Verbrauchererklärung“ (Angebots- oder Annahmeerklärung) zur Verfügung gestellt werden. Zu den Pflichtangaben gehören die Identitätsangaben des Unternehmers, die wichtigsten Vertragsbedingungen und der Preis der Dienstleistung.	

Verwenden Sie bitte nur Formulierungen aus der Spalte **„Erlaubt“**! Durch ständig neue Rechtsprechung kann heute noch erlaubte Werbung schon morgen unzulässig sein. Bitte beachten Sie entsprechende Hinweise auf neue Urteile durch den Berufsverband, die IHK, andere Verbände oder Veröffentlichungen in der Presse.

7. Adressen

Adressen

Berufsverbände

Bundesverband Freier Wohnungsunternehmen
Kurfürstendamm 57
10707 Berlin
Tel. 030/327810

Immobilienverband Deutschland IVD
Verband der Immobilienberater, Makler, Verwalter und Sachverständigen e.V.
Littenstr. 10
10179 Berlin
Tel. 030/2757260

Wettbewerbshotline,
Telefon: 0209/9414522, Fax: 0209/9414533,
E-mail: koch @ ivd.net
www ivd.net

DIHK

DIHK | Deutscher Industrie- und Handelskammertag e.V.
Breite Straße 29
D-10178 Berlin
Telefon 030 20308-0
Fax 030 20308-1000
www.dihk.de

Wettbewerbsvereine

AGW e.V. Arbeitsgemeinschaft Wettbewerb für den selbständigen gewerblichen Mittelstand
Friedrich-Ebert-Str. 15
40210 Düsseldorf
Telefon: 0211 / 162 868
Telefax: 0211 / 162 875
www agw-ev.net

PRO HONORE E.V.
Große Johannisstraße 19
20457 Hamburg
Telefon: 040 / 250 92 34
Telefax: 040 / 251 38 62
www prohonore.de

Zentrale zur Bekämpfung unlauteren Wettbewerbs
Landgrafenstraße 24 B, 61348 Bad Homburg
Telefon: 06172 / 12150,
Telefax: 06172 / 84422
www wettbewerbszentrale.de

Wettbewerbszentrale Büro Berlin (zuständig für den Immobilienbereich)
Danckelmannstraße 9
14059 Berlin
Telefon: 030 / 3265656
Telefax: 030 / 3265655

8. Mustertexte und Checklisten

Die nachfolgenden Textmuster sind im Einzelfall anzupassen, dies gilt besonders für Begleitschreiben, nicht aber unbedingt für die Unterlassungserklärungen, hier kommt es eventuell auf jeden Buchstaben an. Wenn Anpassungen vorgenommen werden, sollten diese immer mit einem Fachmann abgesprochen werden. Auch ist eine vielleicht zwischenzeitlich erfolgte Änderung der Rechtsprechung zu beachten, ansonsten sind besonders die Unterlassungserklärungen nach zurzeit bestehender BGH-Rechtssprechung abgefasst.

Unterlassungserklärung mit unbestimmter Vertragsstrafe und Begleitbrief mit Vorbehalten zur Klagebefugnis

Ihre Abmahnung vom . . , AZ:

Sehr geehrte Damen und Herren,

anliegend erhalten Sie die Unterlassungserklärung zum o.g. Verfahren. Wir setzen dabei voraus, dass die Anspruchsberechtigung gegeben ist, d.h., wir erwarten von Ihnen die Übersendung von entsprechenden Nachweisen.

Zur Prüfung der Anspruchsberechtigung bitten wir um Überlassung einer aktuellen Mitgliederliste die den Anforderungen des BGH-Urteils vom 18.10.95 (Anonyme Mitgliederlisten I ZR 126/93) entspricht, einer Satzung, der Teilkostenrechnung für die Abmahnpauschale und des letzten testierten Abschlusses. Sollten diese Unterlagen bis zum . . nicht vorliegen, gehen wir von einer fehlenden Anspruchsberechtigung aus.

An den Kosten der Abmahnung werden wir uns erst nach Eingang und Prüfung der oben angeforderten Unterlagen beteiligen, falls der Nachweis ausreichend ist. Sollten Sie keinen Kostennachweis erbringen, gehen wir davon aus, dass ihre Forderung in dieser Höhe unberechtigt war. Für diesen Fall behalten wir uns entsprechende Schritte vor.

Mit freundlichen Grüßen

Ist die Abmahnung von einem Mitbewerber muss der folgende Absatz gegen den 2. entsprechenden Absatz des obigen Schreibens ausgetauscht werden.

Zur Prüfung Ihrer Mitbewerbereigenschaft übersenden Sie uns bitte folgende Unterlagen:

1) Eine Kopie der Gewerbeerlaubnis
2) Eine Kopie der Gewerbeanmeldung
3) Aktueller Tätigkeitsnachweis
   a) Anzeigen, mit Hinweis auf Druckdatum und Zeitung und/oder entsprechende Anzeigenrechnungen (Kopie)
   b) Umsatzzahlen und/oder Umsatzsteueranmeldung bestätigt d. Steuerberater

Ein seriöser Mitbewerber kann diese Anforderungen erfüllen, dies ist so von mehreren Gerichten entschieden worden, zum Beispiel:

BGH, 12.07.95, AZ I ZR 85/93
Thüringer OLG, 27.09.06, AZ 2 U 1076/05
OLG Jena, 18.08.2004, AZ 2 W 355/04
KG Berlin, 12.04.85, AZ 6 C 33/85
OLG München, 01.10.84, AZ 6 W 2530/84

Wichtig

Die nachfolgende Unterlassungserklärung unbedingt auf ein separates Blatt (einfaches Schreibmaschinenpapier) schreiben und nur in Verbindung mit dem Begleitbrief verwenden, da dort ein zusätzlicher Vorbehalt gemacht wird.

Unterlassungserklärung zum Aktenzeichen-Nr.:

Firma X verpflichtet sich – ohne Anerkennung einer Rechtspflicht, aber rechtsverbindlich – gegenüber ... (*hier Abmahner eintragen*)

1. es ab sofort zu unterlassen, im geschäftlichen Verkehr und zu Zwecken des Wettbewerbs ...
2. (*Wettbewerbsverstoß beschreiben, kann aus der vorgelegten Unterlassungserklärung oder der Abmahnung übernommen werden*)
3. für den Fall einer zukünftig eintretenden Verletzung des Unterlassungsversprechens eine vom Unterlassungsgläubiger nach billigem Ermessen festzusetzende, im Streitfall von der zuständigen Gerichtsbarkeit zu überprüfende, Vertragsstrafe an den/die ... (*Abmahner eintragen*) zu zahlen.
4. Die Unterlassungserklärung wird unter der auflösenden Bedingung einer allgemein verbindlichen, d.h. auf Gesetz oder höchstrichterlichen Rechtsprechung beruhenden Klärung des zu unterlassenden Verhaltens als rechtmäßig abgegeben.

______________________________	______________________________
(Ort, Datum)	(Unterschrift)

Besonderer Hinweis:

Generell sollte eine Unterlassungserklärung **vorab per Fax und zusätzlich** per Post versandt werden. Der Brief und die Unterlassungserklärung können bei jedem Verein oder Mitbewerber verwendet werden.

In die Unterlassungserklärung gehört generell **keine** Erklärung zur Übernahme von Abmahnkosten, ob als Vereinspauschale oder Rechtsanwaltsgebühr. Darüber sollte man immer streiten, besonders wenn es sich um Serienabmahner handelt.

Unterlassungserklärung bei Urheberrechtsverstößen

Bei Urheberrechtsverstößen sollte in der Regel immer nur eine Unterlassungserklärung abgegeben werden. Über die Höhe der nachgeforderten Lizenzgebühren sollte verhandelt werden und dann der nachfolgende Text für die Unterlassungserklärung benutzt werden.

Unterlassungserklärung

Zum Aktenzeichen-Nr:

Zur Vermeidung gerichtlicher Auseinandersetzungen verpflichte ich mich, ohne Anerkennung einer Rechtspflicht, aber rechtsverbindlich, den/das anliegenden Kartenausschnitt/Bild/Text

(*Kopie Karte/Foto/Text anfügen*)

I
künftig nicht ohne ausdrückliche Einwilligung des Berechtigten *(hier Verlag/Fotograf einfügen)* weder in digitalisierter noch in gedruckter Form zum Zwecke der Eigennutzung oder Nutzung durch Dritte weder entgeltlich und/oder unentgeltlich zu veröffentlichen und/oder veröffentlichen zu lassen.

II
Für den Fall einer zukünftig eintretenden Verletzung des Unterlassungsversprechens eine von der Unterlassungsgläubigerin nach billigem Ermessen festgesetzte, im Streitfall von der zuständigen Gerichtsbarkeit zu überprüfende Vertragsstrafe, an *(hier Verlag/ Fotograf einfügen)* zu zahlen.

III
Der Unterzeichner verpflichtet sich weiter, dem Verlag einen angemessenen Betrag für die Nutzung als Schadensersatz zu zahlen.
Diese Unterlassungserklärung wird unter der auflösenden Bedingung einer allgemein verbindlichen, d.h. auf Gesetz oder höchstrichterlicher Rechtsprechung beruhenden Klärung des zu unterlassenden Verhaltens als rechtmäßig abgegeben.

____________________ ____________________

(Ort, Datum) (Unterschrift)

Standardbrief bei Druckfehler der Zeitung

Ihre Abmahnung vom ...

Sehr geehrte Damen und Herren,

wir bestätigen den Eingang Ihres Schreibens vom . . und teilen Ihnen mit, dass hier ein Druckfehler der Zeitung vorliegt. Dies kann nachgewiesen werden, da entsprechender Schriftverkehr mit der Zeitung existiert. Die Rechtsprechung bei Druckfehlern der Zeitung ist eindeutig, siehe BGH-Urteil vom 31.05.90, AZ I ZR 228/88 in WRP 91 S. 79f oder LG Berlin vom 05.04.91, AZ 15 O 1294/90 in WRP 91 S. 605 ff.

Die Bestätigung der Zeitung senden wir Ihnen – falls Sie es wünschen – gerne zu. Ansonsten gehen wir davon aus, dass sich die Angelegenheit damit erledigt hat. Sollten Sie anderer Meinung sein, erwarten wir Ihre Rückäußerung bis zum . . . (10 Tage Frist).

Mit freundlichen Grüßen

Anlage: Manuskript unseres Anzeigenauftrags
Beschwerdebrief an die Zeitung wg. des Druckfehlers

Beschwerdebrief an die Zeitung wegen eines Druckfehlers

Wettbewerbswidrige Werbung durch Druckfehler

Sehr geehrte Damen und Herren,

für den . . hatten wir Ihnen den in Kopie anliegenden Druckauftrag erteilt. Dieser ist von Ihnen in folgender Weise – auftragswidrig – verändert worden:

Hier Vergleich Manuskripttext mit Anzeigentext einsetzen

Wir bitten die Rechnung für die Anzeige zu stornieren. Eine fehlerfreie Wiederholung nützt uns nichts, da der Anzeigentext nicht mehr verwandt wird.

Wir bitten in Zukunft dafür Sorge zu tragen, dass die Druckaufträge ohne Veränderung der Manuskripttexte ausgeführt werden. Sollte trotz unseres Schreibens der Fehler wiederholt werden, müssten wir – falls wettbewerbsrechtliche Ansprüche gegen uns gestellt werden – juristische Schritte gegen den Verlag vorbehalten. Auf Grund der restriktiven Rechtsprechung im Wettbewerbsrecht sind wir zu diesem Hinweis gezwungen.

Mit freundlichen Grüßen

Anlage: Kopie des Manuskripts
Kopie der erschienenen Anzeige
Kopie der Abmahnung

Mitteilung an den Abmahner wegen einer zu beantragenden einstweiligen Verfügung

Abmahnung vom ...

Sehr geehrte Damen und Herren,

wir haben die Abmahnung vom . . erhalten. Ein **einmaliges** Versehen, durch wen auch immer, hat zu dem Fehler in der Anzeige geführt. Natürlich ist uns bewusst, wie richtig geworben werden muss. Dies haben wir in der Vergangenheit auch immer korrekt getan. Wir teilen Ihnen deshalb mit, dass wir den Fehler in der Werbung einsehen und den Unterlassungsanspruch als solchen anerkennen.

Wir sind allerdings nicht bereit eine Unterlassungserklärung abzugeben, erklären aber ausdrücklich, dass wir eine einstweilige Verfügung mit einem **Streitwert von 5.001,- €** und einem identischen Unterlassungsanspruch wie in der Abmahnung, als endgültige Regelung anerkennen werden. Bei der Streitwertfestsetzung ist auch die Einfachheit der Sache und unsere sofortige Anerkenntnis gemäß § 12 Abs. 4 UWG zu berücksichtigen.

Mit freundlichen Grüßen

....

An den Abmahner bzw. dessen Anwalt faxen, aber möglichst nicht bis zum letzten Termin warten.

Abschlusserklärung nach Erhalt einer einstweiligen Verfügung

Einstweilige Verfügung, Geschäftszeichen:

Sehr geehrte Damen und Herren,

hiermit teilen wir Ihnen mit, dass wir die einstweilige Verfügung des LG xxx mit dem Aktezeichen xxx vom . . vorbehaltlos - bis auf einen eventuellen Kostenwiderspruch - als endgültige, rechtsverbindliche Regelung anerkennen und auf das Recht, Widerspruch einzulegen, sowie bei Gericht die Anordnung der Klageerhebung oder Aufhebung der einstweiligen Verfügung wegen veränderter Umstände zu beantragen (§§ 924, 926, 927, 936 ZPO), verzichten.

Mit freundlichen Grüßen

Vorab per Fax und als Normalbrief oder Einwurfeinschreiben an den Rechtsanwalt senden. Wenn man die einstweilige Verfügung nicht anerkennen will, über einen Anwalt beim erlassenden Gericht Widerspruch einlegen (bitte immer nur nach Rücksprache mit einem Fachmann, Kostenrisiko beachten).

Checkliste zur Prüfung einer Abmahnung

1. Eingangsdatum festhalten: ____________________

2. Zustellungsart

einfacher Brief	○
Einschreiben	○
Einschreiben/Rückschein	○
Fax	○
Email	○

3. Stimmt die Zustellungsanschrift?

Ja	○	Mit Prüfung fortfahren
Nein	○	Unter Hinweis auf falschen Adressaten zurückschicken

4. Abmahnung durch Anwalt ○

5. Welche Frist wird gesetzt? Datum: ____________________

6. Abmahnung berechtigt?
Prüfung mit Teil 6, besser bei IHK oder Berufsverband nachfragen

Abmahnung ist berechtigt	○	weiter mit Punkt 7
Abmahnung ist eventuell berechtigt	○	weiter mit Punkt 7
Abmahnung ist unberechtigt	○	zurückweisen
Abmahnung wg. Druckfehler unberechtigt	○	entsprechend beantworten **Wichtig:** Bestätigung der Zeitung besorgen!

7. Informationen über Abmahner beschaffen

a) Abmahner ist Mitbewerber	○	Bei der für den Sitz des Abmahners zuständigen IHK (schriftlich per Fax) + Auskunft v. Auskunftei (wenn möglich)
b) Abmahner ist Verein	○	Bei der für den Sitz des Abmahners zuständigen IHK (schriftlich per Fax) + Auskunft v. Auskunftei (wenn möglich)

8. Berufsverband und IHK informieren ○ (Kopie zusenden)

9. Wer soll auf die Abmahnung reagieren?
   a) Rechtsanwalt ○
   b) Berufsverband ○
   c) Eigenregie ○

10. Wie soll reagiert werden?
   a) Antrag auf Fristverlängerung ○
   b) Anforderung Nachweise zur Klagebefugnis des Vereins ○
   c) Anforderung Nachweise zur Mitbewerbereigenschaft ○
   d) Zurückweisung wegen Druckfehler ○
   e) Zurückweisung wegen Rechtsmissbrauch ○
   f) Zurückweisung weil keine wettbewerbswidrige Werbung ○
   g) Unterlassungserklärung ohne Gebührenzahlung ○
   Unterlassungserklärung mit Gebührenzahlung ○
   h) Einstweilige Verfügung statt Unterlassungserklärung ○

Checkliste Impressum

Impressum/Wir über uns/Kontakt/Firma

1. **Namen** und **Anschrift**, bei juristischen Personen **Rechtsform** und **Vertretungsberechtigte**

   Familienname und ein ausgeschriebener Vorname bzw. Firmenname exakt wie im Handelsregister, Straßenanschrift, Rechtsform und ggfls. Namen mit Vornamen der oder des Vertretungsberechtigten

2. **Angaben**, die eine schnelle **elektronische Kontaktaufnahme** und **unmittelbare Kommunikation** ermöglichen, **einschließlich** der **Adresse der elektronischen Post**

   Telefon-, Faxnummer und E-Mailanschrift

3. **Angaben** zur **zuständigen Aufsichtsbehörde**, soweit der Teledienst im Rahmen einer **Tätigkeit** angeboten oder erbracht wird, die der behördlichen Zulassung bedarf

   Damit sind Angaben zur Aufsichtsbehörde (unterschiedliche Namen je nach Bundesland: Ordnungs-, Gewerbe- oder Wirtschaftsamt, aber auch noch andere Bezeichnungen) nach § 16 MaBV und § 34c GewO gemeint. Es muss immer die aktuell zuständige Behörde für den aktuellen Firmensitz angegeben werden, als Adresse kann die Postfachanschrift der Behörde angegeben werden. Nicht erforderlich ist der Hinweis auf die Genehmigung nach § 34c GewO.

4. **Angaben** zum **Handelsregister** und die **Registernummer**
   Ortsangabe zum Registergericht und die vollständige Registernummer

5. **Umsatzsteueridentifikationsnummer** (falls vorhanden)

   Firmen bekommen für den grenzüberschreitenden Waren- und Dienstleistungsverkehr auf Antrag die Umsatzsteueridentifikationsnummer, das ist nicht die normale Steuernummer des Gewerbebetriebes beim Finanzamt. Es ist auch keine Angabe zum Finanzamt zu machen

Die gleichen Angaben, bis auf die Nummern 3 und 5, sind im geschäftlichen Verkehr auf Briefbögen, Faxen und in der E-Mail zu benutzen.

Einwilligungserklärung für Werbung per Telefon, Fax und elektronischer Post

Eine Einwilligungserklärung auf der Homepage könnte so lauten:

Ich bin mit Telefonanrufen für weitere Angebote einverstanden. Diese Einverständniserklärung gilt auch für Angebote per Fax, SMS oder E-Mail. Meine Einverständniserklärung kann ich jederzeit per Telefon oder E-Mail widerrufen.

Es muss dann die Möglichkeit geben das Einverständnis durch Setzen eines Häkchens zu erklären.

9. Urteile zum Wettbewerbsrecht

Rechtsstand: Mai 2015

Fall, Gericht, Datum, Aktenzeichen und Fundstelle

Voraussetzung und Nachweis der Klagebefugnis eines Mitbewerbers

a) **Missbrauch der Klagebefugnis eines Mitbewerbers:**

Zur Frage, unter welchen Voraussetzungen die Geltendmachung eines wettbewerbsrechtlichen Unterlassungsanspruchs gegen eine irreführende Immobilienanzeige durch einen zugleich als Bauträger und Altbausanierer tätigen – Rechtsanwalt missbräuchlich ist.
- BGH „Vielfachabmahner vom 05.10.2000, I ZR 237/98 (WRP 2001, 148 ff)
- OLG München vom 11.08.2009, 6 U 3740/09

Missbrauch liegt auch vor bei insolventem Antragsteller.
- OLG Düsseldorf vom 24.05.2005, 20 U 25/05

Missbrauch bei Missverhältnis zwischen Umsatz und Abmahnaufwand
- OLG Düsseldorf vom 24.03.2015, I-20 U 187/14
- LG Berlin vom 28.10.2008, 16 O 263/08

Von einem Missbrauch im Sinne besagter Vorschrift (§ 8 IV UWG) ist auszugehen, wenn das beherrschende Motiv des Gläubigers bei der Geltendmachung des Unterlassungsanspruchs sachfremde Ziele sind, so etwa das Interesse Gebühren zu erzielen oder den Gegner durch möglichst hohe Prozesskosten zu belasten oder ihn generell zu schädigen, z.B. durch Wahl eines sachlich nicht nachvollziehbaren Gerichtsstandes.
- OLG Brandenburg vom 17.09.2009, 6 W 141/09
- OLG Brandenburg vom 17.09.2009, 6 W 128/09
- OLG Brandenburg vom 29.06.2009, 6 W 100/09
- OLG Hamm vom 28.04.2009, 4 U 9/09
- OLG Hamm vom 28.04.2009, 4 U 216/08
- KG Berlin vom 25.01.2008, 5 W 371/07

b) Klagebefugnis im Immobilienbereich, abstraktes oder konkretes Wettbewerbsverhältnis, wesentliche Beeinträchtigung:

Wegen der Besonderheiten des Immobilienmarktes besteht zwischen bundesweit tätigen Anbietern von Immobilien nicht ohne weiteres ein konkretes Wettbewerbsverhältnis. Eine Werbung für eine Immobilie, in der nur der m^2-Preis angegeben ist, oder den m^2-Preis blickfangmäßig hervorhebt, verstößt gegen die PAngV. Sie ist jedoch grundsätzlich nicht geeignet, den Wettbewerb auf dem Immobilienmarkt wesentlich zu beeinträchtigen.

▸ BGH „Immobilienpreisangaben" vom 05.10.2000, I ZR 210/98 (NJW 2001, 522 ff)

c) Klagebefugnis eines Mitbewerbers nach § 8 Abs. 3 UWG n. F. (§ 13 Abs. 1 UWG a. F.) setzt tätigen Gewerbebetrieb voraus:

Nachweis nicht nur durch Gewerbeanmeldung sondern auch durch Umsatzzahlen, Geschäftsvorfälle, Kundenstamm und aktuelle Werbemaßnahmen.

▸ Thüringer OLG vom 27.09.2006, 2 U 1076/05 (MD 2007, 70 ff)
▸ OLG Jena vom 18.08.2004, 2 W 355/04 (MMR 2005, 184)
▸ OLG München vom 01.10.1984, 6 W 2530/84 (RDM E 667/13)

Die Klagebefugnis setzt den tätigen Gewerbetreibenden voraus. Eine Gewerbeanmeldung alleine reicht nicht. Der BGH verlangt eine dauernde wirtschaftliche Tätigkeit als Mitbewerber, die dann aktuell überprüfbar sein muss.

▸ BGH vom 12.07.1995, I ZR 85/93 (WRP 95, 815 ff)
▸ Thüringer OLG vom 27.09.2006, 2 U 1076/05 (MD 2007, 70 ff)
▸ OLG Zweibrücken vom 02.06.2005,4 U 256/04
▸ OLG Jena vom 18.08.2004, 2 W 355/04 (MMR 2005, 184)

Voraussetzung und Nachweis für die Klagebefugnis eines Verbandes

a) Was ist eine „erheblichen Zahl von Mitgliedern" gem. § 13 Abs. 2 Nr. 2 UWG:

Eine Zahl von 20 (22) Mitgliedern aus dem Immobilienbereich reicht nicht für die bundesweite Klagebefugnis aus.

▸ BGH vom 30.04.1997, I ZR 30/95 (WRP 97, 1179 ff)
▸ BGH vom 19.06.1997, I ZR 72/95 (WRP 97, 1070 ff)
▸ KG Berlin vom 02.08.1999, 25 U 6168/97

27 Mitglieder aus der Immobilienbranche reichen nicht für die bundesweite Klagebefugnis eines Wettbewerbsvereins im Immobilienbereich aus.

▸ LG Berlin vom 08.07.1999, 16 O 59/98

Bestreitet der in Anspruch genommene Wettbewerber, dass dem klagenden Verband zur Förderung gewerblicher Interessen eine erhebliche Zahl von Gewerbetreibenden angehört, die Waren oder gewerbliche Leistungen gleicher oder verwandter Art auf demselben Markt vertreiben, so lässt sich ohne die Bekanntgabe der Namen der Mitglieder des Verbandes dessen Prozessführungsbefugnis gemäß § 13 Abs. 2 Nr. 2 UWG in aller Regel nicht feststellen.
▸ BGH vom 18.10.1995, I ZR 126/93 (WRP 96, 197 ff)
▸ BGH vom 18.10.1995, I ZR 4/94 (WRP 96, 194 ff)

b) Zur personellen und sachlichen Ausstattung eines Wettbewerbsvereins:

Die Eignung, unlauteren Wettbewerb zu bekämpfen, fehlt einem Verband, wenn das dortige Personal nicht die dafür nötigen rechtlichen Kenntnisse hat (1. juristisches Staatsexamen). Eine hinreichende finanzielle Ausstattung ist dann nicht vorhanden, wenn sich die laufenden Kosten nicht aus eigenen Mitteln, insbesondere Mitgliedsbeiträgen und Spenden, sondern überwiegend nur mit Einnahmen aus Abmahnungen decken lassen.
▸ KG Berlin vom 02.08.1999, 25 U 6168/97

c) Weitere wichtige BGH-Urteile zur Klagebefugnis von Verbänden:

▸ BGH „Vergoldete Visitenkarte" vom 11.05.1995, I ZR 107/93 (WRP 95, 695)
▸ BGH „Verbandsausstattung I" vom 11.04.1991, I ZR 82/89 (GRUR 91, 684)
▸ BGH „Verbandsausstattung II" vom 26.05.1994, I ZR 85/92 (WRP 94, 737)
▸ BGH „Wettbewerbsverein I" vom 07.11.1985, I ZR 105/83 (WRP 86, 201)
▸ BGH „Wettbewerbsverein II" vom 13.03.1986, I ZR 27/84 (WRP 86, 469)
▸ BGH „Wettbewerbsverein III" vom 19.05.1988, I ZR 52/86 (WRP 88, 662)
▸ BGH „Wettbewerbsverein IV" vom 05.10.1989, I ZR 56/89 (WRP 90, 255)

Zugang der Abmahnung/Sofortiges Anerkenntnis im Gerichtsverfahren

Grundsätzlich entgeht in Wettbewerbssachen der als Kläger oder Antragssteller auftretende Verletzte im Falle eines sofortigen Anerkenntnisses durch den Verletzer einer Kostenentscheidung nach § 93 ZPO nur dann, wenn er nachweist oder – im Verfahren einer einstweiligen Verfügung – glaubhaft macht, dass dem Verletzer ein ... Abmahnschreiben auch zugegangen ist (Änderung der bisherigen Rechtsprechung des Senats).
▸ OLG Düsseldorf vom 21.06.2000, 2 W 23/30 (OLGR Düsseld. 2000, 476)

Aufklärungspflichten des Abgemahnten

Der Empfänger einer unbegründeten Abmahnung ist nicht verpflichtet, den Abmahnenden darüber aufzuklären, dass er für die beanstandete wettbewerbswidrige Handlung nicht verantwortlich ist.

- BGH vom 01.12.1994, I ZR 139/92 (WRP 95, 300)

Kostenersatz im Abmahnverfahren

a) Kostenersatz für Abmahnungen eines Mitbewerbers durch einen Anwalt

Generell gilt ein Erstattungsanspruch für die notwendigen Kosten der Rechtsverfolgung. Was notwendig ist, muss im Einzelfall geklärt werden. Für erfahrene Gewerbetreibende ist die Einschaltung eines Anwalts aber nicht unbedingt erforderlich.

- BGH vom 12.12.2006, VI ZR 188/05 (Kosten für Abschlussschreiben)
- BGH vom 12.12 2006, VI ZR 175/05 (Kosten für Abmahnung bei selbst erteiltem Mandat)
- BGH vom 06.05.2004, I ZR 2/03
- BGH vom 15.10.1969, I ZR 3/68 (NJW 70, 243)

Kostenersatz für Abmahnungen eines Mitbewerbers durch einen Anwalt der als Serienabmahner bekannt ist:
Ersatz der Rechtsanwaltskosten abgelehnt, der Mitbewerber ist nach mehreren Abmahnungen durch seinen Anwalt in der Lage selber Abmahnungen zu verschicken, anwaltlicher Hilfe bei einfachen Fällen bedarf er nicht mehr, entweder ist Gebührenbeschaffung für Anwalt im, Vordergrund (dann Abmahnung rechtsmissbräuchlich) oder es liegt ein Verstoß gegen die Schadensminderungspflicht vor.

- BGH vom 06.05.2004, I ZR 2/03
- OLG Düsseldorf vom 20.02.2001, 20 U 194/00 (CR 2001,548)
- LG Hildesheim vom 01.11.2006, 6 O 203/06
- LG Berlin vom 11.01.2000, 15 S 5/99 über 40 weitere Entscheidungen liegen vor

Bei klar zu erkennenden und entsprechend leicht zu verfolgenden Wettbewerbsverstößen kann ein Rechtsanwalt bei wettbewerbsrechtlichen Abmahnungen in eigener Sache keine Erstattung von Abmahnkosten verlangen.

- BGH vom 12.12.2006, VI ZR 188/05 (Kosten für Abschlussschreiben)
- BGH vom 12.12 2006, VI ZR 175/05 (Kosten für Abmahnung bei selbst erteiltem Mandat)
- BGH vom 06.05.2004, I ZR 2/03
- LG Aachen vom 24.02.1987, 41 S 10/86 (NJW-RR 87, 1326)
- AG Hamburg-Altona vom 31.10.2001, 319 C 446/01 (MDR 02, 167f)
- AG Hanau vom 24.05.1996, 32 C 750/96

b) Kostenersatz bei Abmahnung durch einen Wettbewerbsverein.

Generell Kostenersatz zugesprochen – heute gesetzliche Regelung – aber auch gegenteilige Meinungen!

- BGH vom 15.10.1969, I ZR 3/68 (WRP 70, 20)
- OLG Brandenburg vom 04.04.2007, 7 U 175/06

Kostenersatz abgelehnt, da Verein in satzungsgemäßem Interesse handelt und damit nicht mehr eine Fremdgeschäftsführung vorliegt.

- AG Bad Wildungen vom 26.03.1996, C 393/95
- LG Bremen vom 07.11.1991, 12 O 365/91
- AG Bensheim vom 17.07.1991, 6 C 284/91
- AG Neustadt vom 16.03.1989, 2 C 1828/88 + weitere Entscheidungen

Kostenersatz bei unberechtigter Abmahnung

Der zu Unrecht Abgemahnte kann wegen der durch Einschaltung eines Anwalts entstandenen Kosten Schadensersatz vom Abmahnenden verlangen, wenn diesen bei der Geschäftsführung ohne Auftrag (= Abmahnung) ein Übernahmeverschulden trifft.

- LG Frankfurt vom 04.12.2009, 3-12 O 123/09
- LG Dresden vom 07.04.2009, 3 S 436/08
- LG Düsseldorf vom 21.04.1989, 20 S 227/88 (GRUR 89, 543)
- AG Bonn vom 29.04.2008, 2 C 525/07
- AG Münster vom 08.05.2003, 60 C 963/03
- AG Altötting vom 06.05.2003, 1 C 703/02
- AG Tübingen vom 31.08.2001, 11 C 817/01
- AG Dresden vom 10.11.2000, 106 C 6914/00

Kostenersatz für eine Schutzschrift

Kostenersatz des unberechtigt Abgemahnten für eine Schutzschrift:
Die ungerechtfertigte Abmahnung wegen eines vermeintlichen Wettbewerbsverstoßes löst die Erstattung der bei dem Abgemahnten durch Einreichung einer Schutzschrift entstandenen Kosten aus. Zu erstatten ist eine halbe Gebühr nach § 32 Abs. 1 BRAGO.

- BGH vom 13.02.2003, I ZB 23/02 (MD 03, 393 ff)
- KG Berlin vom 26.02.1999, 25 W 3617/98 (WRP 99, 547)
- AG Charlottenburg vom 01.10.1998, 4 C 95/98 (AnwBl 99, 60)

Kostenersatz für Abschlussschreiben

Generell Kostenersatz für Einschaltung eines Anwalts zugesprochen, aber in bestimmten Fällen abgelehnt, hier gilt das gleiche wie bei Abmahnungen, der „Fachmann“ muss selber schreiben.

Bei Anwalt im Eigenauftrag:
- BGH vom 12.12.2006, VI ZR 188/05

Bei Verein mit Klagebefugnis gem. UklaG:
- OLG Brandenburg vom 04.04.2007, 7 U 175/06

Kostenersatz und Umsatzsteuer

Kostenersatz gilt nicht für die Umsatzsteuer bei Vorsteuerabzugberechtigten.
- OLG Koblenz vom 19.09.1994, 14 W 540/94

Unterlassungserklärung

a) Allgemeines zur Unterlassungserklärung

Unterlassungserklärung mit auflösender Bedingung, zulässig, wenn auf Änderung der gesetzlichen Grundlage oder Klärung durch höchstrichterliche Rechtsprechung abgestellt wird (Bedingte Unterwerfung).
- BGH vom 01.04.1993, I ZR 136/91 (WRP 93, 480)

Modifizierte Unterlassungserklärung, Wirksamkeit nur mit ausdrücklicher Annahme: Das Zustandekommen und die Auslegung einer wettbewerbsrechtlichen Vertragstrafevereinbarung richten sich nach den allgemeinen Vorschriften. Das Versprechen einer Vertragsstrafe Bezieht sich grundsätzlich nicht auf Handlungen, die der Schuldner vor dem Zustandekommen einer Vereinbarung Begangen hat.
- BGH vom 18.05.2006, I ZR 32/03

b) Unterlassungserklärung bei zweifelhafter Klagebefugnis:

Bei zweifelhafter Klagebefugnis reicht die Abgabe einer vorerst ohne Strafbewehrung versehenen Unterlassungserklärung, wenn gleichzeitig zugesagt wird, die Strafbewehrung nachzuholen bei Ausräumung der Zweifel. Es reicht eventuell auch, zu erklären, dass unmittelbar nach Aufklärung zur Klagebefugnis die strafbewehrte Unterlassungserklärung abgegeben wird.
- KG Berlin vom 09.10.1997, 25 W 6340/97

Unterlassungserklärungen gegenüber nicht mehr klagebefugten Abmahnern verlieren nicht automatisch ihre Bindung. Sie können allerdings gekündigt werden. In Ausnahmefällen kann die Anforderung einer Vertragsstrafe rechtsmissbräuchlich sein, wenn dies durch einen nicht mehr klagebefugten Unterlassungsgläubiger erfolgt (Altunterwerfung I und II).

▸ BGH vom 26.09.1996, I ZR 265/95 (WRP 97, 312)

▸ BGH vom 26.09.1996, I ZR 194/95 (WRP 97, 318)

c) Anfechtung einer Unterlassungserklärung wegen Missbrauch der Klagebefugnis (§ 13 V UWG alt):

Geht der Schuldner eines Unterlassungsvertrages irrig von einer Klagebefugnis des Gläubigers aus und hat der Gläubiger diesen Irrtum durch eine Täuschung hervorgerufen, kann der Schuldner den Unterlassungsvertrag nach § 123 I BGB anfechten.

▸ AG Chemnitz vom 10.01.2002, 14 C 1467/01

Unbeziffertes Vertragsstrafeversprechen (Neuer Hamburger Brauch)

Problem: Die verlangten Vertragsstrafen in einer Unterlassungserklärung sind oft zu hoch. Herabsetzung ist nicht so ohne weiteres möglich. Hier können diese Urteile helfen:

Eine Unterwerfungserklärung mit einem Vertragsstrafeversprechen nach dem sog. „Neuen Hamburger Brauch", bei dem die Bestimmung der Vertragsstrafe im Zuwiderhandlungsfall nach § 315 BGB dem billigen Ermessen des Vertragsstrafegläubigers überlassen bleibt und bei dem weder eine Höchst- noch eine Mindestsumme für die Vertragsstrafe festgelegt wird, ist geeignet die Wiederholungsgefahr auszuräumen.

▸ BGH vom 31.05.1990, I ZR 285/88 (WRP 91, 27 ff)

▸ KG Berlin vom 24.05.1991, 5 U 1443/91 (MD 91, 511 ff)

Höhe von Vertragsstrafen bei unbezifferten Vertragsstrafeversprechen

Höhe von Vertragsstrafen bei geringfügigen Verstößen im Widerholungsfall

Das Kammergericht kürzt eine Vertragsstrafe von 10.000 € auf 500 € wegen des geringfügigen Widerholungsverstoßes (Lappalie, unzulässige Veröffentlichung von Kundendaten und Dauer)

▸ KG vom 27.09.2011, 5 U 137/10

Höhe von Vertragsstrafen bei unzulässigen Werbemails

Das OLG Köln senkt die Vertragsstrafe von 10.000 € auf 500 €, da keine besondere

Beschwernis durch eine E-Mail.
▸ OLG Köln vom 01.06.2011, 6 U 4/11

Vertragsstrafe aus Altunterlassungsverträgen

a) Vertragstrafenfälligkeit auch bei Wegfall der Verfolgbarkeit eines Werbeverstoßes oder Wegfall der Klagebefugnis:

Eine Kündigung wirkt erst in die Zukunft, verwirkte Vertragsstrafen müssen gezahlt werden.
▸ BGH vom 26.09.1996, I ZR 265/95 (WRP 97, 312)
▸ BGH vom 26.09.1996, I ZR 194/95 (WRP 97, 318)

aber

Anforderung verwehrt bei Wegfall der Klagebefugnis:

Die Berufung des Klägers auf den vertraglichen Vertragsstrafeanspruch ist ihm als unzulässige Rechtsausübung verwehrt, wenn die Klagebefugnis dem Kläger unzweifelhaft, d.h. ohne weiteres erkennbar, nicht mehr zusteht.
▸ BGH vom 26.09.1996, I ZR 265/95 (WRP 97, 312)
▸ OLG Schleswig vom 3.11.1998, 6 U 19/98
▸ LG Hamburg vom 02.12.1998, 315 S 12/98
▸ LG Stuttgart vom 30.03.1999, 17 O 42/99

b) Vertragsstrafeanspruch bei Rechtsmissbrauch:

Die Geltendmachung eines Vertragsstrafeanspruches ist rechtsmissbräuchlich, wenn dem Gläubiger die für die Geltendmachung wettbewerbsrechtlicher Unterlassungsansprüche erforderliche Sachbefugnis fehlte oder er sie nicht ausreichend dargelegt und bewiesen hat.
▸ Thüringer OLG vom 27.09.2006, 2 U 1076/05 (MD 2007, 70 ff)

Haftung für Druckfehler in einer Zeitungsanzeige

a) Wettbewerbswidrige Werbung durch einen Druckfehler der Zeitung:

Keine wettbewerbsrechtliche Haftung des Inserenten für diese Werbung, eine Abmahnung kann zurückgewiesen werden mit dem Nachweis des richtigen Auftrags an die Zeitung, wichtig ist eine entsprechende Bestätigung der Zeitung.
▸ BGH vom 31.05.1990, I ZR 228/88 (NJW 90, 3204)

Gleicher Meinung auch:

Die gesetzliche Haftung für Beauftragte gem. § 13 Abs. 4 UWG greift nicht ein, wenn der beauftragte Dritte (Zeitung) eine Verrichtung vornehmen soll, die nicht mehr in den betrieblichen Tätigkeitsbereich des Kaufmanns fällt.
▸ LG Berlin vom 05.04.1991, 15 O 1294/90 (WRP 91, 605 ff)

b) Vertraglicher Anspruch aus Unterlassungserklärung bei Druckfehler

Etwas anderes gilt allerdings bei einem vertraglichen Anspruch aus einer Unterlassungserklärung heraus, hier haftet der Auftraggeber auch für den Erfüllungsgehilfen, z.B. die Zeitung oder die Werbeagentur.
▸ BGH „Verlagsverschulden II" vom 22.01.1998, I ZR18/96 (WRP 1998, 864)

Haftung der Zeitung für Vertragsstrafen bei Zeitungsverschulden (Druckfehler)

Für den Schaden, der einem Inserenten dadurch entsteht, dass er eine zur Sicherung einer Unterlassungsverpflichtung versprochene Vertragsstrafe zahlen muss, weil der Zeitungsverlag entgegen einer Anweisung des Inserenten die zu unterlassende Werbung erneut abgedruckt hat, haftet der Zeitungsverlag aus positiver Forderungsverletzung.
▸ OLG Düsseldorf vom 10.05.1990, 2 U 119//89 (GRUR 93, 851 ff)

Erforderlich ist allerdings, dass die Zeitung über die Abgabe der Unterlassungserklärung unterrichtet war, bei fehlender Unterrichtung haftet die Zeitung nur für 50 % des Schadens (Vertragsstrafe).
▸ LG Köln vom 19.06.1996, 10 S 76/96 (Mittelstand + Wettbewerb 1/97, 29 ff)

Hinweispflicht auf spätere Fertigstellung oder Vermietung

a) Fehlender Hinweis auf noch nicht erfolgte Fertigstellung einer Immobilie:

Auf die fehlende Fertigstellung ist in der Zeitungsanzeige deutlich hinzuweisen, anderenfalls liegt eine Irreführung vor. Der Begriff Neubau für projektierte oder im Bau befindliche Häuser reicht nicht.
▸ KG Berlin vom 11.08.1988, 25 W 3608/88 (MD 88, 1225 f)

In Abschwächung der Rechtsprechung hat das Kammergericht jetzt entschieden:

Der fehlende Nichtfertigstellungshinweis stellt keine wesentliche Beeinträchtigung des Wettbewerbs dar (s.u. BGH 03.12.92). Dieses Urteil ist durch Nichtannahme der

Revision vom BGH bestätigt worden (BGH vom 12.10.1995, I ZR 11/95).
▸ KG Berlin vom 31.10.1994, 25 U 8278/93 (MD 95, 292 ff)

b) Werbung mit der Abkürzung „proj." für projektierte Immobilien:

Die Abkürzung „NB" oder „proj." ist irreführend.
▸ KG Berlin vom 17.03.1987, 5 U 6917/86

Ein nicht hervorgehobener, aber unmissverständlicher Hinweis, auch in einem längeren Inserat, ist ausreichend, um auf die fehlende Fertigstellung hinzuweisen.
▸ KG Berlin vom 13.05.1991, 25 U 1391/91 (MD 91, 703 ff)

Die Verwendung der Abkürzung „proj." Ist dann nicht irreführend, wenn aus weiteren Angaben in der Anzeige deutlich wird, dass es sich um eine noch nicht fertig gestellte Immobilie handelt, so der Hinweis auf die Möglichkeit zur Berücksichtigung von Sonderwünschen.
▸ KG Berlin vom 13.05.1991, 25 U 1391/91 (MD 91, 703 ff)
▸ OLG Stuttgart vom 15.02.1991, 2 U 243/90 (Infodienst BfW)
▸ LG Berlin vom 20.06.1991, 27.O.80/91

c) Hinweis auf vermietete Wohnimmobilie durch Abkürzung „verm.":

Wird die Vermietung einer beworbenen Wohnimmobilie weiterhin als offenbarungspflichtiger Umstand im Sinne von § 3 UWG angesehen, so ist dem jedenfalls durch die Abkürzung „verm." in einer Kleinanzeige ausreichend Rechnung getragen. Das KG stellt zumindest diese Offenbarungspflicht unter Hinweis auf die BGH-Entscheidung „Sofortige Beziehbarkeit" vom 03.12.92, AZ: I ZR 132/91, in Frage (s.u.)
▸ KG Berlin vom 11.02.1993, 25 U 2466/92 (MD 93, 386 ff)

d) Fehlender Hinweis auf vermietete, bzw. weiter vom Verkäufer bewohnte Wohnimmobilie:

Eine Immobilienanzeige, mit der für den Verkauf eines bewohnten Hauses, das kein Neubau ist, geworben wird, ist grundsätzlich auch dann nicht irreführend, wenn nicht auf den Umstand hingewiesen wird, dass das Haus nicht sofort beziehbar ist.
▸ BGH vom 03.12.1992, I ZR 132/91 (MD 93, 267 f)

Hinweis auf WEG

1-Familien-Häuser (bautechnisch), die juristisch gesehen Wohnungseigentum sind, müssen in der Werbung auch klar als Wohnungseigentum bezeichnet werden.
▸ LG Essen vom 06.09.1990, 43 O 178/90 (WRP 91, 132)

Notarieller Festpreis

„Notarieller Festpreis" in der Immobilienwerbung ist irreführend. Selbst wenn kein Preis in der Anzeige genannt wird.

▸ BGH vom 01.02.1990, I ZR 161/87 (WRP 90, 701)

Wohn-/Nutzfläche in einer Zahl, Abkürzungen Wfl/Nfl., W/Nfl. und WNFl.

a) Wohn-/Nutzfläche in einer Zahl in der Werbung für Wohnimmobilien:

Die Zusammenfassung der Flächen in einer Zahl ist nicht irreführend wenn keine sinnentstellende Abkürzung für Wohn-/Nutzfläche gewählt wird und ein „normales" Verhältnis von mindestens 2/3 Wohnfläche zu 1/3 Nutzfläche nicht unterschritten wird.

▸ BGH vom 25.04.1991,I ZR 210/90
▸ OLG München vom 19.07.2005, 29 U 3198/05
▸ OLG Hamburg vom 04.11.1993, U 137/92 (NJW-RR 94, 816)
▸ OLG Frankfurt vom 19.03.1992, 6 W 168/90 (MD 92, 484f)
▸ OLG München vom 27.11.1991,6 W 2892/90 (MD 92, 371)
▸ KG Berlin vom 07.06.1990, 25 U 6455/89
▸ KG Berlin vom 11.12.1989, 25 W 6624/89 (MD 90,274)
▸ LG Hamburg vom 21.02.1991, 312 O 520/90

Noch weitergehend das LG Berlin, dass von keinem bestimmten Verhältnis der Wohn- und Nutzflächen ausgeht und keinen Wettbewerbsverstoß in der zusammen gefassten Zahl sieht.

▸ LG Berlin vom 11.05.2000, 16 O 169/00

andere Meinung bei Schreibweise Wohn-/Nutzfläche:

Wohn-/Nutzfläche irreführend, es müsse Wohn- und Nutzfläche heißen und die Einzelzahlen müssten angegeben werden.

▸ OLG Hamm vom 6.06.2005, 4 U 56/05
▸ OLG Hamm vom 30.01.1992, 4 U 41/91

b) bei Schreibweise Wfl./Nfl.:

Zulässige Abkürzung, keine Irreführung, da durch Schrägstrich und 2x „fl." hier nur 2 Flächen, nämlich Wohn- und Nutzfläche gemeint sein können.

▸ OLG München vom 16.09.1998, 29 W 2546/98
▸ LG München von 06.08.1998, 17 HK O 13906/98

andere Meinung:

Bei Wfl./Nfl wird ein Teil der angesprochenen Verkehrskreise über die Wohnfläche getäuscht. Nfl. könntezu Nettofläche ergänzt werden.
▸ KG Berlin vom 07.06.1999, 25 U 8755/98
▸ KG Berlin vom 17.01.1991, 25 U 1988/90
▸ LG Berlin vom 10.06.1999, 16 O 303/99

c) Abkürzung WNFl. = Wohn-/Nutzfläche in einer Zahl in der Werbung für Wohnimmobilien:

Die Werbung ist irreführend wegen der Verwechslungsgefahr mit Wohnnettofläche und der fehlenden Vergleichsmöglichkeit mit Angeboten, die die reine Wohnfläche bewerben.
▸ OLG München vom 05.06.1989, 29 W 1736/89 (RDM E 662/63)

Wohn-/Nutzfläche in einer Zahl in der Werbung für Wohn-/Geschäftshäuser oder Objekte, die zu Wohn- und Bürozwecken genutzt werden stellt keine Irreführung dar und ist somit zulässig.
▸ LG Wiesbaden vom 29.03.1990, 13 O 15/90 (RDM E 662/67)
▸ LG Essen vom 7.11.1989, 46 O 92/89
▸ LG Frankfurt vom 12.04.1989, 3/12 O 69/89 (NJW RR 90,1066f)

d) Begriff der Wohnfläche und Angaben bei Immobilienverkäufen:

Wohnfläche ist nicht eindeutig definiert und deshalb auslegungsbedürftig.

Der allgemeine Sprachgebrauch verbindet mit dem Begriff der Wohnfläche nicht eine bestimmte Art der Berechnung (hier nach §§ 42 – 44 Zweite Berechnungsverordnung)
▸ BGH vom 24.03.2004, VIII ZR 44/03
▸ BGH vom 22.12.2000, VII ZR 310/99
▸ BGH vom 11.07.1997, V ZR 246/96
▸ BGH vom 30.11.1990, V ZR 91/89

Unter Zugrundelegung der DIN 283 sind auch im Kellergeschoss liegende Räume wie Gästezimmer, Sauna, Dusche, WC oder Bar der Wohnfläche hinzuzurechnen. Es steht ihrer Berücksichtigung nicht im Wege, wenn sie nicht zum dauernden Aufenthalt für Menschen bestimmt sind. Denn nur für Wohn- und Schlafräume sei Voraussetzung, dass sie den Anforderungen der Bauaufsichtsbehörden entsprächen. Zu den Nebenräumen dagegen zählten diejenigen, die anderen Kriterien entsprächen, wie Abstellräume, kleine Küchen, Speisekammern oder Gäste-Toiletten.
▸ OLG Frankfurt vom 23.03.1983, 17 U 113/82

- LG Düsseldorf vom 09.07.1991, 24 S 302/89
- BFH vom 03.02.1998, (BFH/NV 1998, 700)
- BFH vom 25.11.1997, (BFH/NV 1998, 832)
- BFH vom 09.09.1997, (BStBl II 1997, 818)

Wohnflächenangaben sind nicht erforderlich
- LG München I vom 28.01.1993, 4 HKO 14826/92

Die Angabe der Wohnfläche einer Immobilie ist eine für die Kaufentscheidung entscheidungserhebliche Information einer Immobilienwerbung. Die Herausstellung der um 20 bis 40 % Größeren Nutzfläche einer Immobilie als Wohnfläche ist erheblich irreführend, auch wenn die Kaufentscheidung nicht allein auf Grund der irreführenden Angaben in einer Zeitungsanzeige getroffen wird.
- LG Berlin vom 22.08.2006, 102 O 48/06 (WRP2006, 1545 ff)

Der Gutachterausschuss beim DIHT hat nach Anrufung durch den VDM auf seiner Sitzung am 14.10.1992 entschieden, dass die zusammengefasste Zahl der Wohn- und Nutzflächen nicht wettbewerbswidrig ist, wenn dabei Wohn- und Nutzflächen in einem normalen Verhältnis (Nutzfläche weniger als 33 %) stehen. Die Abkürzung Wfl./Nfl. kann benutzt werden, unzulässig sei aber die Verwendung der Abkürzung „WNFl." für die Bezeichnung der so zusammengesetzten Flächen.

Brutto- oder Nettomieten

Brutto- bzw. Nettomiete bei der Werbung für Mehrfamilien- oder Wohn-/Geschäftshäusern:

Keine Irreführung, zulässige Werbung, da die angesprochenen Verkehrskreise mit den Begriffen vertraut sind.
- OLG Celle vom 24.09.1986, 15 O 389/86 (RDM E 662/49)
- LG München I vom 25.07.1990, 1 HKO 11503/90 (Wettbewerbsberater)
- LG Hamburg vom 30.05.1990, 350 O 39/90 (RDM E 662/66)

Preisangaben für Immobilien in der Zeitungswerbung

Kaufpreisangaben für Immobilien in der Zeitungswerbung

Kaufpreisangaben sind nicht erforderlich wenn erst weitere Angaben und Verhandlungen erforderlich sind um zu einem Kaufentschluss und -abschluss zu gelangen.
- BGH vom 04.03.1982, I ZR 30/80 (RDM E 662/29)

m^2-Preisangaben für Baugrundstücke und Bauland

a) Endpreisnennung erforderlich:

Bei schon klar abgegrenzten, aber noch nicht vermessenen Baugrundstücken ist der Endpreis zu nennen, also z.B. ca. 400 m^2 Kaufpreis 100.000 DM. Ein Mehr- oder Minderpreis ist mit entsprechenden Regelungen im Kaufvertrag möglich.

▸ KG Berlin vom 29.08.1991, 25 U 3024/91 (MD 91, 738 ff)
▸ KG Berlin vom 20.11.1989, 25 U 1042/89 (MD 90, 129 ff)

b) keine Endpreisnennung erforderlich:

m^2-Preis für Bauland (noch nicht abgegrenzte Flächen aus einem größerem Areal). Zulässig, wenn noch unbestimmte Flächen aus einem größeren Areal vom Käufer bestimmt werden können.

▸ KG Berlin vom 06.02.1989, 25 U 5608/88 (MD 89, 524 ff) mit weiteren Nachweisen, das KG ist von dieser Entscheidung weitgehend abgerückt (s.o.) und verlangt die Benennung des KP eines Beispielgrundstückes (Bauland III, MD 91, 421)

Entgegen dem KG-Urteil vom 20.11.89 lehnt Stuttgart die Endpreisangabe für eine noch nicht vermessene Fläche von Bauerwartungsland ab. Dies gilt nicht nur gegenüber Gewerbetreibende, sondern auch gegenüber Endverbrauchern, da auch ein ca. Preis nicht der PAngV entsprechen würde und auch der Endverbraucher einen Mehr- oder Minderpreis über den angegebenen m^2-Preis berechnen kann.

▸ OLG Stuttgart vom 30.08.1991, 2 U 88/91

Werden Grundstücke beworben, die durch Teilung erst noch gebildet werden sollen und deren endgültige Größe auch noch nicht annähernd festliegt (hier: 700 bis 900 m^2), so genügt die Angabe des m^2-Preises; einen Endpreis gibt es noch nicht.

▸ OLG Bremen vom 12.12.1991, 2 U 69/91 (WRP 92, 111 f)

Zulässigkeit von „ab-Preisen" bei Eigentumswohnungen

Werbung für mehrere Eigentumswohnungen mit Angabe eines Preises für die kleinste Wohnung:

Zulässig, da nur allgem. Werbung vorliegt und ansonsten für das eine „Angebot" auch der Endpreis genannt ist.

▸ OLG Hamburg vom 26.08.2010, 3 U 118/08
▸ KG Berlin vom 26.02.1996, 25 W 5415/95 (MD 96, 479)
▸ KG Berlin vom 02.02.1995, 25 W 612/95 (MD 95, 553)
▸ OLG Hamm vom 05.07.1994, 4 U 27/94 (MD 94, 914)
▸ LG München I vom 21.02.1991, 4 HKS 13259/90

Endpreisangabe bei Gewerbeobjekten

Die Ausnahmeregelung des § 7 Abs. 1 Nr. 1 Halbsatz 1 PAngV privilegiert die Zeitungswerbung für die Vermietung von Büroraum hinsichtlich der Verpflichtung zur Angabe des Endpreises (§ 1 Abs. 1 Satz 1 PAngV) auch dann, wenn sich die Werbung nicht allein an Gewerbetreibende richtet, sondern auch an solche Personen, die zwar noch nicht Gewerbetreibende sind, aber beabsichtigen, die Mieträume in ihrer selbständigen beruflichen oder gewerblichen Tätigkeit zu verwenden.
▸ BGH vom 01.07.1993, I ZR 299/91 (WRP 93, 761)

Endpreisangabe bei der Immobilienwerbung

a) Problem: Ist die Maklerprovision Preisbestandteil und damit in den Preis einzuberechnen mit dem geworben wird oder nicht. Nach § 1 Abs. 1 Satz 1 Preisangaben VO, ist der Preis anzugeben, der einschließlich der Umsatzsteuer und sonstiger Preisbestandteile zu zahlen ist:

Bei der Werbung für Immobilien ist das der Preis, der nach der Vorstellung des Werbenden – ohne die auf Drittleistungen entfallenden Entgelte wie Makler- und Notargebühren – im Grundstückskaufvertrag als Kaufpreis beurkundet werden soll.
▸ BGH vom 07.07.1983, I ZR 113/81 (BB 83, 1687)

b) Problem: Haus oder ETW und möglicher Erwerb einer Garage:

Die Preisangabenverordnung zwingt ein werbendes Unternehmen nicht, Endpreise zu bilden, die es von sich aus nicht fordern will. Ebenso wenig verlangt die PAngV die Angabe von Endpreisen, die nicht dem wirklichen Angebot entsprechen und dem Endverbraucher deshalb auch nicht in Rechnung gestellt werden.
▸ BGH vom 02.02.1995, I ZR 13/93 (MD 95, 520)

Anders OLG Köln bei einer Mietwohnung zu der ein Stellplatz dazu gemietet werden konnte aber nicht musste, aber durch die Verbindung in der Werbung mit einem „+" eine enge Verbindung herstellte und deshalb die Angabe der Miete inklusiv der Stellplatzmiete forderte.
▸ OLG Köln, NZM 2002, 392

m^2-Preisangaben für Eigentumswohnungen

Eine Werbung nur mit m^2-Preisen ohne Größenangaben ist eine wesentliche Beeinträchtigung des Wettbewerbs und deshalb auch nach der Novellierung ein verfolgbarer Verstoß.

▸ KG Berlin vom 26.02.1996, 25 W 5415/95 (MD 96, 479 ff)
▸ KG Berlin vom 02.02.1995, 25 W 612/95 (MD 95, 553 ff)

Zinsangaben (Achtung geänderte PAngV § 6a)

a) Begriff „effektiver Jahreszins“ bzw. „anfänglicher effektiver Jahreszins“:

Die Angabe „Effektivzins“ ist mit der in § 4 I S. 1 PAngV (jetzt § 6 I) vorgeschriebenen Angabe „effektiver Jahreszins“ nicht vereinbar.
▸ BGH vom 08.02.1996, I ZR 147/94 (MD 96, 592 ff)

b) Abkürzung „Anf. effektiver Jahreszins“:

Diese Abkürzung ist irreführend und verstößt gegen § 4 I S. 1 PAngV, da „Anf.“ auch mit anfallend verwechselt werden kann. Anders ist die Abkürzung „anfängl. effekt. Jahreszins“ zu sehen, dafür keineIrreführungsgefahr und damit zulässig.
▸ KG Berlin vom 11.04.1991, 25 U 7181/90 (MD 91, 524 ff)

c) Pflicht zur Angabe des effektiven Jahreszinses bei Werbung für finanzierten Immobilienkauf

Wird bei der Werbung für eine Kaufimmobilie neben dem Kaufpreis auf eine kon-krete Finanzierungsmöglichkeit hingewiesen, die auch die monatlichen Raten (Belastungen) angibt, stellt dies eine Kreditwerbung dar, bei der nach § 6 Abs. 1 Preisangabenverordnung (PAngV) der effektive Jahreszins anzugeben ist. Dabei kommt es nicht darauf an, ob der Immobilien-Händler lediglich die Kreditfinanzierungen Dritter vermittelt.
▸ OLG Köln vom 09.11.2007, 6 U 90/07

Kaltmiete, Warmmiete, Nebenkostenhinweis, + Garage

a) Kaltmiete in der Werbung für Mietwohnungen:

Die Bezeichnung Kaltmiete stellt eine Irreführung dar, da nicht offensichtlich ist, ob nur die Heizkosten oder noch weitere Nebenkosten zu zahlen sind.
▸ OLG Stuttgart vom 08.08.1996, 2 W 32/96 (NJWE-WettbR 96, 267)
▸ OLG Düsseldorf ständige Rechtsprechung
▸ OLG Köln vom 18.11.1983, 3 Ss 183/83 (RDM D 543/4)
▸ OLG Bremen ständige Rechtsprechung
▸ OLG Schleswig ständige Rechtsprechung
▸ LG Düsseldorf vom 12.12.1990, 12 O 306/90

anderer Meinung

Das Vermietungs-Vermittlungsangebot für eine Wohnung in einer Anzeige mit der Mietpreisangabe „X EUR Kaltmiete" ist nicht irreführend und genügt der Hinweispflicht des Maklers auf den verlangten Mietzins und Nebenleistungen.
▸ OLG Saarbrücken vom 07.02.1996, 1 U 556/95-90
▸ OLG Braunschweig vom 25.06.1992, 2 U 41/92
▸ LG Hannover vom 24.03.1994, 25 O 210/93
▸ LG Hannover vom 24.03.1994, 25 O 209/93
▸ LG Itzehoe vom 02.03.1993, 5 O 165/92
▸ AG Wilhelmshaven vom 12.07.1994, 13 C 50/94
▸ AG Köln vom 30.01.1976, 252 OWi 87/75 (RDM D 534/1)

„Kaltmiete" ist auch juristischen Laien ein Begriff. „Kalt-" bzw. „Warmmiete" sei auch unter juristischen Laien allgemein üblich und werde in diesem Sinne (+ NK bzw. inkl. NK) verstanden.
▸ LG Saarbrücken 13 BS 226/98

b) Nettomiete:

„Nettomiete" als ausreichende Bezeichnung im Sinne des § 6 II WoVermG
▸ LG Bielefeld vom 24.06.1994, 15 O 84/94
▸ LG Hamburg vom 30.05.1990, 315 O 39/90

„Nettokaltmiete" als ausreichende Bezeichnung im Sinne des § 6 II WoVermG
▸ LG Berlin vom 05.08.1999, 16 S 7/99
▸ AG Charlottenburg vom 11.06.1998, 12a C 203/98

c) Warmmiete:

„Warmmiete" als Endpreis im Sinne der PAngV hat keine Eignung zur wesentlichen Beeinträchtigung des Wettbewerbs, da durch die Nennung des (höheren) Endpreises kein Wettbewerbsvorsprung erreicht wird.
▸ OLG Düsseldorf vom 30.03.1995, 2 U 211/94

d) Wohnungsangebot mit Garage

„ …X DM Wohnungsmiete + NK + Garage X DM …". Es gelten die Bestimmungen des WoVermG, das gegenüber der PAngV eine Sonderregelung beinhaltet. Es verlangt ausdrücklich die Angabe des Mietpreises der Wohnräume, um einen Preisvergleich des Mieters zu ermöglichen.
▸ LG Traunstein vom 20.10.1993, 1 HKO 3567/93

Anders OLG Köln bei einer Mietwohnung zu der ein Stellplatz dazu gemietet werden konnte aber nicht musste, aber durch die Verbindung in der Werbung mit einem „+" eine enge Verbindung herstellte und deshalb die Angabe der Miete inklusiv der Stellplatzmiete forderte.
▸ OLG Köln, NZM 2002, 392

Hinweis auf Maklereigenschaft, gewerbliche Tätigkeit, Abkürzungen

a) Privatangebot des Maklers

Immobilienmakler, die mit Zeitungsanzeigen in ihrem Eigentum stehende Immobilien provisionsfrei anbieten, handeln grundsätzlich nicht sittenwidrig i.S. des § 1 UWG, wenn sie es unterlassen, auf ihre berufliche Tätigkeit hinzuweisen.
▸ BGH vom 03.06.1993, I ZR 147/91 (WRP 93, 623 ff)

gleich:
Ein Immobilienmakler handelt nicht im geschäftlichen Verkehr, wenn er ein Grundstück aus seinem Privatbesitz in Zeitungsanzeigen zum Verkauf anbietet. In einem solchen Falle besteht eine Irreführungsgefahr nicht deshalb, weil er in der Zeitungsanzeige auf die berufliche Tätigkeit des Inserenten als Immobilienmakler nicht hingewiesen wird.
▸ BGH vom 22.04.1993, I ZR 75/91 (WRP 93, 619 ff)

b) Angabe der gewerblichen Tätigkeit bei Verkauf von Immobilien:

Der gewerbliche Charakter einer Anzeige muss auch dann zum Ausdruck kommen, wenn ein Immobilienunternehmen eigene Objekte zum Kauf anbietet. Entscheidend für den BGH war allein die gewerbliche Tätigkeit auf dem Immobilienmarkt. Anzeigen ohne den Hinweis auf die gewerbliche Tätigkeit würden den unzutreffenden Anschein eines Verkaufes aus Privathand erwecken und seien deshalb unzulässig. Es komme auch nicht darauf an, ob das Angebot hinsichtlich der Konditionen dem eines privaten Anbieters entsprochen habe.
▸ BGH vom 27.05.1987, I ZR 153/85 (WRP 87, 724)

c) „Immobilien" im Firmennamen als ausreichender Hinweis auf eine provisionspflichtige Maklertätigkeit:

Bereits aus der Verwendung des Firmennamens mit dem Bestandteil „Immobilien" wird für die angesprochenen Verkehrskreise die Maklereigenschaft sowie die Provisionspflichtigkeit des Angebotes erkennbar. Das Wort „Immobilien" wird in diesem Zusammenhang üblicherweise als Synonym für die Maklereigenschaft verstanden.
▸ OLG Köln vom 27.02.1997, 20 U 22/95

- OLG Celle vom 05.06.1996, 13 U 287/95 (WRP 96, 910)
- OLG Köln vom 09.10.1992, 6 U 131/92
- KG Berlin vom 19.12.1988, 25 U 2645/88
- KG Berlin vom 19.08.1986, 5 U 2735/86 (NJW-RR 87, 489)
- OLG Hamm vom 06.12.1973, 1 OWi 1437/73 (NJW 74, 1149 f)
- LG Münster vom 26.05.1994, 22 O 93/94

d) Enthält der Firmenname keinen Hinweis auf eine provisionspflichtige Maklertätigkeit muss auf die Provision ausdrücklich hingewiesen werden:

Es ist grundsätzlich irreführend, wenn in einer Immobilienanzeige nicht zum Ausdruck kommt, dass bei Vertragsabschluß eine Maklerprovision zu zahlen ist. Die Irreführung wird nicht schon dadurch ausgeschlossen, dass der Inserent in der Anzeige als „Finanz- und Vermögensberater" (Wohnbau X GmbH oder Hausbau GmbH o. ä.) bezeichnet ist; denn eine solche Bezeichnung deutet nicht ohne weiteres darauf hin, dass ... eine Vergütung zu zahlen ist.

- BGH vom 13.12.1990, I ZR 31/89 (WRP 91, 236)
- OLG Stuttgart vom 30.03.1995, 2 W 20/95
- KG Berlin vom 30.01.1995, 25 U 1688/94

e) Abkürzungen für den Hinweis auf die Maklereigenschaft, hier „Imm." für Immobilien:

Die Abkürzung „Imm." reicht nicht aus für den Hinweis auf die Maklereigenschaft. Das gleiche gilt für die Abkürzungen: „Mkl.", „Hsm.", „Immo" oder „gew." und ähnliche Abkürzungen.

- KG Berlin vom 22.03.1990, 25 U 7726/89

Gegenteilige Meinungen:

für "Mkl."

- LG Lüneburg vom 15.05.1997, 7 O 13/97

für "Immo-XYZ" bei durch mit Gedankenstrich verbundenem Hausnamen

- OLG Köln vom 09.10.1992, 6 U 131/92

e) Identitätsangaben und Rechtsformangaben in der Werbung

Erforderlich sind Angaben zur Identität (vollständige Firmierung inklusive Rechtsformzusatz) und die Anschrift des Unternehmens (Sitz des Unternehmens) und die Rechtsform des Unternehmens.

- BGH vom 18.04.2013, I ZR 180/12
- OLG München vom 15.05.2014, 6 U 3500/13

- OLG Hamm vom 27.02.2014, 4 U 144/13
- OLG Düsseldorf vom 02.10.2012, I-20 U 223/11

Baustellenberatung am Sonntag

Besichtigen Sie am Sonntag ihr neues Zuhause von 14 - 17 Uhr in der XY Straße in Musterstadt.

- LG Düsseldorf vom 13.03.2000, 38 O 9/00
- LG München vom 23.09.1999, 7 O 14908/99

Bis auf die Bundesländer Hamburg, Hessen und Sachsen ist die Besichtigung und Beratung am Sonntag für bis zu 4 Stunden erlaubt (Stand Januar 2007). Eine genaue Übersicht ist beim IVD abrufbar.

Beratungstätigkeit (Rechtsberatung)

Zur Abgrenzung erlaubnisfreier Geschäftsbesorgung von erlaubnispflichtiger Rechtsbesorgung ist, weil eine Besorgung fremder Geschäfte außer mit wirtschaftlichen Belangen vielfach auch mit rechtlichen Vorgängen verknüpft ist, auf den Kern und den Schwerpunkt der Tätigkeit abzustellen. Es ist danach zu fragen, ob die Tätigkeit überwiegend auf wirtschaftlichem Gebiet liegt und die Wahrnehmung wirtschaftlicher Belange bezweckt oder ob die rechtliche Seite der Angelegenheit im Vordergrund steht und es wesentlich um die Klärung rechtlicher Verhältnisse geht.

- BGH vom 0.03.2000, I ZR 289/97 (WRP 00, 727)

Mit Rechtsberatung ist grundsätzlich die umfassende und vollwertige Beratung des Rechtssuchenden gemeint. Soweit eine Berufstätigkeit schon vom Ansatz her nicht als umfassende Beratung ... angeboten wird, bedarf es im Lichte des Art. 12 GG sorgfältiger Prüfung, ob eine angebotene Hilfeleistung als Besorgung fremder Rechtsangelegenheiten oder nur als kaufmännische Hilfeleistung einzuordnen ist (BVerfG NJW 1998,3481, 3482). Im Hinblick darauf, dass nahezu alle Lebensbereiche rechtlich durchdrungen sind und kaum eine wirtschaftliche Betätigung ohne rechtsgeschäftliches Handeln möglich ist ..., ist danach zu fragen, ob eine Tätigkeit überwiegend auf wirtschaftlichem Gebiet liegt ... oder die rechtliche Seite der Angelegenheit im Vordergrund steht.

- BVerfG vom 29.10.1997, 1 BvR 780/87 (NJW 98, 3481 ff)
- LG Berlin vom 10.04.2001, 102 O 12/01
- LG Berlin vom 09.03.2001, 102 O 216/00

Unzulässige AGB-Klauseln

Die Verwendung unzulässiger AGB-Klauseln ist wettbewerbswidrig und deshalb abmahnfähig.

- OLG Frankfurt a. M. vom 09.05.2007, 6 W 61/07
- LG Frankfurt a. M. vom 08.02.2008, Az. 3/12 O 157/07

Internet (Räumlicher Bereich)

Das Gericht hat den maßgeblichen räumlichen Markt regional begrenzt. Es kann aus der Tatsache, dass der Beklagte im Internet wirbt, nicht geschlossen werden, dass er seine Leistung bundesweit anbietet. Allein die Tatsache, dass das Internet bundesweit abgefragt werden kann, bedeutet nicht, dass auch die beworbene Leistung von Verbrauchern aus dem gesamten Bundesgebiet in Anspruch genommen werden kann. Das OLG München verlangt z.B. einen gewissen räumlichen Bezug.

- OLG München vom 07.05.2009, 31 AR 232/09
- OLG Koblenz vom 14.07.2000, 4 W 411/00
- OLG Koblenz vom 30.05.2000, 4 U 192/00
- OLG Düsseldorf (AnwBl. 1999, 618)
- LG Dresden vom 31.07.2000, 42 O 0403/00
- LG Bremen vom 25.11.1999, 12 O 440/99
- AG Kiel vom 08.12.2000, 106 C 295/00

Internet, Pflichtangaben § 5 TMG (§ 6 TDG alt)

Wer seine gewerblichen Internet-Inhalte über fremde Rechner (Host Provider) ins Netz stellt, ist Diensteanbieter im Sinne des Telemediengesetz und unterliegt damit der Impressumspflicht (hier: Autohändler im Rahmen von mobile.de). Immobilienportale sind nicht anders zu sehen.

- OLG Düsseldorf vom 18.12.2007, I-20 U 17/07

Verstoß gegen Impressumspflicht ist Wettbewerbsverstoß (fehlender Name)

- OLG Naumburg vom 16.03.2006, 10 W 3/06

Verstoß bei fehlender Telefonnr. und Emailadresse

- LG Coburg vom 09.03.2 006, 1HK 0 95/05

§ 5 TMG dient dem Verbraucherschutz und ist eine Marktverhaltensregel, ein Verstoß ist deshalb keine Bagatelle.

- OLG Hamm vom 04.082009, 4 U 11/09
- OLG Hammvom 02.04.2009, 4 U 213/08

▸ OLG Frankfurt vom 04.12.2008, 6 U 187/07
▸ OLG Düsseldorf vom 04.11.2008, 20 U 125/08
▸ OLG Hamm vom 13.03.2008, 4 U 192/07

Anbieterkennzeichnung im Internet

a) Die Angaben einer Anbieterkennzeichnung bei einem Internetauftritt, die über zwei Links (die Links „Kontakt" und „Impressum") erreichbar ist, kann den Voraussetzungen entsprechen, die an eine leichte Erkennbarkeit und unmittelbare Erreichbarkeit i. S. v. § 6 TDG (alt) und § 10 MDStV zu stellen sind.
▸ BGH vom 20.07.2006, I ZR 228/03 (WRP 06, 1507 ff)

b) Um den Anforderungen des § 312c I S. 1 BGB an eine klare und verständliche Zurverfügungsstellung der Informationen i. S. v. § 1 I BGB-InfoV im Internet zu genügen, ist es nicht erforderlich, dass die Angaben auf der Startseite bereitgehalten werden oder im Laufe eines Bestellvorgangs zwangsläufig aufgerufen werden müssen.

Ein Link „Impressum" am unteren rechten Ende der Internetseite in sehr kleiner, blasser und drucktechnisch nicht hervorgehobener Schrift ist ein Verstoß gegen § 5 TMG, wenn die in kleiner Schrift gehaltene und vom übrigen Text wenig abgesetzte Aufzählung „AGB/Verbrauchsinformationen/Datenschutz Impressum", die rechtsbündig angeordnet ist und sich in etwa über ein Viertel der Seitenbreite erstreckt, im Ganzen leicht übersehen werden.
▸ OLG Frankfurt vom 04.12.2007, 6 U 187/07

Eine leicht erkennbare Wiedergabe i.S.d. § 6 TDG (alt) setzt voraus, dass die Informationen optisch leicht wahrnehmbar sind. Insbesondere dürfen sie nicht derart platziert werden, dass ein vorheriges Scrollen des Bildschirms erforderlich ist. Eine leichte Erkennbarkeit setzt zugleich voraus, dass bei der zur sinnvollen Gliederung der Seiten erforderlichen Verwendung weiterführender, durch entsprechende Oberbegriffe gekennzeichneter Links eine Terminologie gewählt wird, die für den Nutzer auch als Hinweis auf die gesetzlichen Pflichtangaben verstanden werden.
▸ OLG Hamburg (Backstage) vom 20.11.2002, 5 W 80/02 (MD 02, 154 ff)

Angabe der Aufsichtsbehörde
Bei Immobilienmaklern genügt die Angabe der Aufsichtsbehörde, eine abweichende frühere Genehmigungsbehörde braucht nicht angegeben werden.
▸ LG Düsseldorf vom 08.08.2013, 14c O 92/13 U

Streitwert bei Wettbewerbsverstößen im Internet

Zur Bemessung des Streitwerts, wenn ein offenbar nur versehentlich erfolgter Verstoß gegen § 1 II S. 1 PAngV gerügt wird:
Ist eine Sache nach Art und Umfang Einfach gelagert, so rechtfertigt das im Regelfall eine Minderung des an sich zu veranschlagenden Streitwerts für einen wettbewerbsrechtlichen Unterlassungsanspruch um die Hälfte (von 20.000,- € auf 10.000,- €).

- KG Berlin vom 14.11.2006, 5 W 254/06 (MD 2007, 7 f)

Streitwert bei fehlerhaftem Impressum und rechtswidriger Widerrufsbelehrung nur 5.000,- €

- OLG Frankfurt vom 17.08.2006 6, W 117/06

Streitwert bei häufigen Verstößen im Internet gegen Informationspflichten: Herabsetzung auf 500,- € bzw. 900,- €, statt absolute Untergrenze (Beantragt waren 15.000,- € vom LG auf 5.000,- € herabgesetzt und vom OLG reduziert) OLG Düsseldorf vom 05.07.2007, 20 W 15/07 (MIR 08/2007)

- OLG Düsseldorf vom 05.03.2007, I-20 W 149/06

Widerrufsrecht, Angaben in der Widerrufsbelehrung

In der Widerrufsbelehrung ist zwingend auch die Telefonnummer des Unternehmers außer Namen, Anschrift, Faxnummer und E-Mailadresse anzugeben

- OLG Hamm vom 24.03.2015, 4 U 30/15
- OLG Hamm vom 03.03.2015, 4 U 171/14

10. Typische Abmahn-Beispiele aus der Praxis

Beispiel 1

Vorab per Telefax:

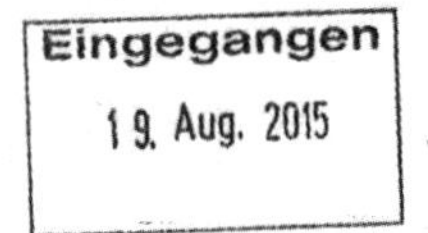

Telefon
Telefax
info@
www.

17. August 2015

Unser Aktenzeichen: (bitte bei allen Rückfragen angeben)
Unterlassungsanspruch zu Verstößen gegen die Energieeinsparverordnung (EnEV)

Sehr geehrte

die bezweckt gemäß ihrer Satzung unter anderem, die aufklärende Verbraucherberatung sowie den Umweltschutz in der Bundesrepublik Deutschland zu fördern. Seit dem 13. Oktober 2004 ist sie in die Liste qualifizierter Einrichtungen nach § 4 des Unterlassungsklagengesetzes mit Wirkung zum 11. Oktober 2004 eingetragen. Die ist daher in der Lage, Verstöße gegen das Gesetz gegen unlauteren Wettbewerb und andere Verbraucherschutzgesetze durch geeignete Maßnahmen kollektiven Rechtsschutzes zu unterbinden.

Die Klagebefugnis der ergibt sich aus § 8 Abs. 3 Nr. 3 UWG.

Uns ist der nachstehend geschilderte Wettbewerbsverstoß Ihrer Firma bekannt geworden:

Wie wir der G Zeitung vom 18. Juli 2015 entnehmen können, bewerben Sie dort eine „2-Zimmer-ETW , 49,74 m² Wfl., im Dachgeschoss".

Seit 1. Mai 2014 sind Sie nach § 16a EnEV bei der Bewerbung von Immobilien bei Vorliegen eines Energieausweises zum Zeitpunkt der Anzeigenaufgabe dazu verpflichtet, bestimmte Energiekennwerte anzugeben, die dem Energieausweis zu entnehmen sind.

- ✓ Art des ausgestellten Energieausweises (Bedarfs- oder Verbrauchsausweis)
- ✓ Wert des Endenergiebedarfs oder des Endenergieverbrauchs des beworbenen Gebäudes (je nach Art des vorliegenden Energieausweises)
- ✓ Wesentlicher Energieträger für die Heizung des Gebäudes
- ✓ Baujahr der Immobilie

Energieausweise, die ab dem 1. Mai 2014 ausgestellt werden, enthalten zusätzlich die Information zur Energieeffizienzklasse, in die das Gebäude eingestuft ist. In diesem Fall ist auch die Energieeffizienzklasse bei der Bewerbung einer Immobilie anzugeben.

In der Werbeanzeige fehlen jedoch der Wert des Endenergiebedarfs bzw. des Endenergieverbrauchs, Angaben über die Art des Energieausweises, Angaben zum wesentlichen Energieträger für die Heizung und das Baujahr des beworbenen Objektes gänzlich. Ein Hinweis, dass der Energieausweis vorliegt, ist nicht ausreichend.

Es steht damit fest, dass Ihr Verhalten rechtswidrig ist. Es verstößt gegen die geltenden Vorschriften der EnEV. Die Vorschriften dienen dem Umweltschutz. Dies geht bereits aus den einleitenden Erwägungen der dem deutschen Gesetz zugrundeliegenden europäischen Richtlinie 2010/31/EU hervor.

Sie dienen darüber hinaus dem Verbraucherschutz, in dem sie ein einheitliches Informationsniveau des Verbrauchers sicherstellen sollen. Die Regelungen besitzen daher eindeutig einen Wettbewerbsbezug.

Es steht damit fest, dass Ihr Verhalten auch wettbewerbswidrig ist.

Wir weisen darauf hin, dass nur die Abgabe einer erheblich strafbewehrten Unterlassungserklärung die Wiederholungsgefahr ausräumt und unseren Unterlassungsanspruch erledigt. Es genugt daher nicht die Mitteilung, dass die beanstandete Werbung bzw. Handlung eingestellt werde und/oder durch eine andere ersetzt worden sei. Ebenso wenig reicht die Übernahme einer Verpflichtung ohne Vertragsstrafe aus oder die Zusendung der Unterlassungserklärung nur per Telefax. Erforderlich ist die Übermittlung der Unterlassungserklärung im Original versehen mit den rechtsverbindlichen Unterschriften der Vertretungsberechtigten in Übereinstimmung mit dem Handelsregistereintrag bzw. mit den Angaben im örtlichen Gewerbeverzeichnis nebst Firmenstempel. Eine diesen Grundsätzen gerecht werdende Unterlassungserklärung haben wir der Anlage zu diesem Schreiben beigefügt.

Wir fordern Sie auf, die Vorschriften der EnEV zukünftig einzuhalten.

Zur Vermeidung einer gerichtlichen Auseinandersetzung bitten wir Sie, eine durch ein Vertragsstrafeversprechen gesicherte Unterlassungserklärung bis zum

Montag, 24. August 2015, 17:00 Uhr, hier eingehend,

abzugeben. Nach fruchtlosem Fristablauf werden wir gerichtliche Hilfe in Anspruch nehmen. Im Übrigen sind Sie gemäß § 12 Abs. 1 UWG (Gesetz gegen den unlauteren Wettbewerb) verpflichtet, die Kosten der Abmahnung zu tragen; unsere Rechnung fügen wir ebenfalls bei.

Mit freundlichen Grüßen

Anlagen

Immobilien

Telefon
Telefax
info@
www.

17. August 2015

Kostenrechnung Nr.
Unser Aktenzeichen: (bitte bei Rückfragen immer angeben)

Sehr geehrte ,

wir dürfen Sie auffordern, die mit unserer Abmahnung vom 17. August 2015 verbundenen pauschalierten Kosten in Höhe von

	214,34 €
7 % MwSt.	15,00 €
Gesamtsumme	**229,34 €**

innerhalb der nächsten zwei Wochen nach Eingang dieses Schreibens auf unser Konto bei der zu überweisen.

Verstreicht die Frist ergebnislos, werden wir gerichtliche Schritte einleiten.

Mit freundlichen Grüßen

Das Rechnungsdatum entspricht dem Leistungsdatum.

Unterlassungserklärung mit Vertragsstrafeversprechen

Immobilien

- UNTERLASSUNGSSCHULDNER -

gegenüber der

aufgrund des Schreibens vom 17. August 2015

Hiermit verpflichtet sich der Unterlassungsschuldner unter Übernahme einer für jeden Einzelfall der Zuwiderhandlung an die zu zahlenden Konventionalstrafe in Höhe von 5.001,00 €

es künftig zu unterlassen,

bei dem Bewerben von Immobilien in kommerziellen Medien nicht sicherzustellen, dass darin Angaben aus dem Energieausweis zur energetischen Beschaffenheit der Immobilie, wie zur Art des ausgestellten Energieausweises, zum Wert des Endenergiebedarfs oder des Endenergieverbrauchs der beworbenen Immobilie, über den wesentlichen Energieträger für die Heizung des Gebäudes, zum Baujahr der Immobilie sowie zur Energieeffizienzklasse nach Maßgabe und unter Beachtung der Vorschriften des § 16a EnEV aufgeführt sind, so wie geschehen in der Zeitung Juli 2015.

....

(Ort, Datum)

__________________________ __________________________

Stempel

rechtsverbindliche Unterschrift
Vertretungsberechtigte(r)
gemäß Handelsregister

Beispiel 2

Immobilien

per Fax : 08

23.04 . 2015

Abmahnung wegen fehlerhaftem Impressum
§ 5 TMG iV. mit § 2 Nr. 4 DL – InfoVO

Sehr geehrte Kollegin ,

Ihr Impressum bei Immonet **A 1** ist fehlerhaft und wettbewerbswidrig , weil die für Ihr Unternehmen zuständige **Aufsichtsbehörde** , nämlich das Landratsamt Starnberg , Strandbadstr..... , nicht ausgewiesen ist , was ja , als abmahngefährdet , nicht mehr ganz so neu ist, **A 2**

Gemäß § 12 UWG fordere ich Sie – so will es das Gesetz - zur außergerichtlichen Streitbeilegung auf, **binnen 10 Tagen** eine mit **€ 500,-** strafbewehrte Unterlassungserklärung dahin abzugeben , daß Sie künftig Ihre Aufsichtsbehörde gesetzeskonform ausweisen . Refax mit Unterschrift genügt .

Kostenmäßig erbitte ich Überweisung **€ 150** ,- analog BGH **A 3** , weniger für dieses Blatt Papier, als zur Finanzierung von Wettbewerbsprozessen – im Verbraucherinteresse - , Sinn und Zweck dieser Pauschale .

Mit freundlichen Grüßen

Unterschrift

Beispiel 3

Immobilien

23 .04. 2015

per Fax :

Wettbewerbsrechtliche Abmahnung wegen fehlerhafter Provisionsausweisung

Sehr geehrte Kollegin ,

Ihre Provisionsausweisung mit 1.5 Monatskaltmieten zzgl.MwSt , wie **A 1** ist gesetzes und wettbewerbswidrig , weil gemäß der Preisangabenverordnung die Provisionssätze gegenüber Endverbrauchern immer brutto , inklusive MwSt auszuweisen sind , siehe zB. **A 2** .

Zur Meidung von Weiterungen fordere ich Sie gemäß § 12 UWG auf , **binnen 10 Tagen** eine mit nur € 500,- gesicherte Unterlassungserklärung dahin abzugeben , daß Sie künftig Ihre Provisionssätze gesetzeskonform ausweisen . Refax mit Unterschrift genügt .

Kostenmäßig erbitte ich Überweisung **€ 150 ,-** , analog BGH **A 3** , weniger für dieses Blatt Papier , als zur Finanzierung von Prozessen , IHK Einigungsstellenverfahren in diesem Zusammenhang . Abmahnen im gewerblichen Bereich , unter Ansatz nur dieser Pauschale kann auch nie Rechtsmißbrauch begründen **A 4** .

Mit freundlichen Grüßen

Unterschrift

Beispiel 4

per Fax :

27 .07. 2015

Wettbewerbsrechtliche Abmahnung

Sehr geehrte Kollegin ,

mit dem von Ihnen , siehe **A 1** (unter Sonstiges) immer noch herausgestellten Vorteil : **Provisionsfrei** , verschaffen Sie sich einen Wettbewerbsvorteil gegenüber Anbietern , die diesen Begriff , weil nun unzulässige Werbung mit einer Selbstverständlichkeit , siehe **A 2** längst gelöscht haben , sprich : Sie verhalten sich unlauter und wettbewerbswidrig .

Gemäß § 12 UWG fordere ich Sie - im Kollegen und Verbraucherinteresse - auf **binnen 10 Tagen** eine mit **€ 500,-** strafbewehrte Unterlassungserklärung dahin abzugeben , daß Sie künftig nicht mehr in der beanstanden Form werbend auftreten .

Kostenmäßig erbitte ich analog BGH **A 3** Überweisung **€ 150,-** weniger für dieses Blatt Papier , als zur Finanzierung von Gerichts und IHK Einigungsstellenverfahren – im Allgemeininteresse - , Sinn und Zweck dieser Pauschale .

Mit freundlichen Grüßen

Unterschrift

Beispiel 5

RECHTSANWÄLTE

*auch Fachanwalt für
Gewerblichen Rechtsschutz

Hamburg, den 31.10.2012

Vorab per Telefax:

Unerlaubte Nutzung von Kartografie im Internet
"URL: http://www.
http://www.
http://www.
http://www.
http://www.
http://www.
http://www.
http://www.
Unterlassung, Schadensersatz und Auskunft
Unsere Mandantin: GmbH

Sehr geehrter Herr

wir wenden uns an Sie im Auftrag der GmbH
Sie erhaltenin der Anlage eine auf uns ausgestellte Vollmacht.

1. Unsere Mandantin ist Herstellerin von Kartografie (Stadtplänen und Landkarten) unter den Marken und Inhaberin sämtlicher Nutzungsrechte der von ihr vertriebenen Pläne. Die Karten unserer Mandantin sind geistige Schöpfungen, für die nach der Rechtsprechung der volle Schutz des Urheberrechtsgesetzes gilt.

2. Sie verwenden für Ihr Internet-Angebot Kartenmaterial aus den kartografischen Werken (Stadtplänen und Landkarten) unserer Mandantin. Nach unserem Kenntnisstand haben Sie keine vertragliche Berechtigung zur Nutzung dieser Kartografie unter der im Betreff genannten Internetadresse.
Falls Sie doch Inhaber eines Lizenzvertrages sein sollten, bitte ich um einen entsprechenden Nachweis bis zum

07.11.2012.

Der nachfolgende Text sowie die Anlagen sind dann gegenstandslos.

Sollten Sie keinen Lizenzvertrag abgeschlossen haben, verletzen Sie mit der Nutzung der Kartografie bestehendes Recht. Diese Rechtsverletzung hat unsere Mandantin nicht hinzunehmen. Wir haben Sie deshalb aufzufordern, die Kartografie unserer Mandantin umgehend von Ihrer Website zu nehmen und die entsprechende Grafik aus dem o.g. Verzeichnis auf Ihrem Server zu löschen, so dass das Kartenmaterial auch nach Eingabe der im Betreff bezeichneten, genauen Internetadresse der Bilddatei nicht mehr aufgerufen werden kann. Zur Beseitigung der Wiederholungsgefahr haben wir Sie zudem aufzufordern, diebeigefügte Unterlassungserklärung bis spätestens zum

07.11.2012,

hier eingehend, abzugeben. Nach fruchtlosem Verstreichen der Frist würden wir unserer Mandantin die Inanspruchnahme gerichtlicher Hilfe empfehlen.

Aufgrund Ihres Rechtsverstoßes sind Sie daneben auch verpflichtet, die Kosten unserer Inanspruchnahme gem. der beigefügten Kostennote in Höhe von 1.099,00 € zzgl. MwSt.zu tragen. Bei der Bemessung des Gegenstandswertes, insbesondere bei der Bewertung des Unterlassungsanspruchs, haben wir uns an den Festsetzungen des Hanseatischen Oberlandesgerichts und des Landgerichts Hamburg orientiert.

3. Daneben steht unserer Mandantin ein Schadensersatzanspruch für die rechtswidrige Nutzung der Kartografie zu. Dieser besteht zunächst aus der entgangenen Lizenzgebühr, die Sie auch bei einer vertragsgemäßen Nutzung hätten zahlen müssen. Die reguläre Lizenzgebühr für die von Ihnen genutzte Karte beläuft sich auf 6.130,88 €. Das entspricht der im Internet unter veröffentlichten Preisliste.

Neben der eigentlichen Lizenzgebühr erhebt unsere Mandantin einen Aufschlag von 50%, da Sie entgegen der Lizenzbedingungen keinen geeigneten Copyright-Hinweis auf die Herkunft des Kartenmaterials angebracht haben. Dieser Hinweis ermöglicht es Interessenten, das Kartenmaterial bei unserer Mandantin zu lizenzieren. Der Hinweis hat auch den Zweck, die Kartografie als urheberrechtlich geschützt zu kennzeichnen, um Dritte von der unlizenzierten Nutzung abzuhalten. Sie haben diese Hinweise an der Kartografie nicht angebracht, so dass unserer Mandantin möglicherweise Folgeaufträge entgangen sind und Sie der Gefahr weiterer unerlaubter Nutzungen Vorschub geleistet haben. Den Den dadurch entstandenen Schaden beziffert unsere Mandantin mit 50% der regulären Lizenzgebühr. Ein derartiger "Verletzerzuschlag" in Höhe von bis zu 100% ist in der Rechtsprechung anerkannt (vgl. KG, Urteil vom 21. März 2012, Az. 24 U 130/10; LG Köln, Urteil vom 23. September 2009, Az.: 28 O 250/09; LG Düsseldorf, Urteil vom 01. April 2009, Az.: 12 O 277/08). Demzufolge ist von Ihnen ein

Aufschlag von 50% (3.065,44 €) auf die reguläre Lizenzgebühr zu zahlen.

Der insgesamt für die unerlaubte Nutzung zu zahlende Schadensersatzbetrag beläuft sich demnach auf 9.196,32 €. Die Ihnen überreichte Erklärung enthält in Absatz III. eine entsprechende Zahlungsverpflichtung und wir haben Sie aufzufordern, diese Erklärung ebenfalls fristgerecht abzugeben und den Schadensersatz innerhalb von weiteren 10 Tagen auf unser oben genanntes Konto zu überweisen.

Die Zahlung des Schadensersatzes enthebt Sie nicht von der Pflicht zur Abgabe der Unterlassungserklärung und der Übernahme der bei uns entstandenen Rechtsanwaltskosten.

4. Außerdem fordern wir Sie auf, innerhalb der vorstehend genannten Frist Auskunft über den Umfang und die Dauer der Verwendung des Kartenmaterials zu erteilen.

5. Sollten Sie weiterhin an der Nutzung der Kartografie unseres Mandanten interessiert sein, bieten wir Ihnen Namens und im Auftrag unseres Mandanten an, dass Sie statt Schadensersatz zu zahlen den vertragslosen Zustand in ein reguläres Vertragsverhältnis umwandeln. Die Höhe der Lizenzgebühr entspricht der Höhe des unter 3. bezifferten Schadensersatzes zzgl. MwSt. Der Vertrag würde Sie für zwei Jahre zur Nutzung berechtigen. Wenn Sie einen Lizenzvertrag schließen wollen, benachrichtigen Sie uns. Sie finden auf der beiliegenden Verpflichtungserklärung einen Hinweis, den Sie ankreuzen können. Wir werden Ihnen dann ein Auftragsformular für den Erwerb der erforderlichen Lizenz übermitteln, das Sie uns bitte zurückschicken, damit wir es mit der Bitte um Rechnungstellung an unsere Mandantschaft weiterleiten können.

Die Umwandlung der bisherigen Nutzung in ein Vertragsverhältnis enthebt Sie nicht von Pflicht zur Abgabe der Unterlassungserklärung und zur Übernahme unserer Rechtsanwaltskosten, da beide Verpflichtungen aus Ihrer bis dahin rechtswidrigen Nutzung resultieren.

6. Sollte bis zum Ablauf der jeweils genannten Frist keine Erklärung bei uns eingegangen sein, werden wir unserem Mandanten die Einleitung gerichtlicher Schritte empfehlen. Nach der Rechtsprechung sind wir im Interesse unseres Mandanten gehalten, die in diesem Schreiben genannten Fristen kurz zu bemessen und ohne weiteres Zuwarten ggfs. auch den Rechtsweg zu beschreiten. Wir empfehlen Ihnen deshalb, die notwendigen Schritte unverzüglich zu unternehmen. Außerdem bitten wir Sie darum, sich in dieser Angelegenheit ausschließlich an uns zu wenden, da Anfragen an unseren Mandanten ohnehin an uns weiter geleitet werden.

Mit freundlichen Grüßen

Unterlassungsverpflichtungserklärung

I.

Hiermit verpflichtet sich Herr handelnd unter Immobilien gegenüber der GmbH es künftig bei Meidung einer Vertragsstrafe, deren Höhe in jedem Einzelfall von festzusetzen und ggf. vom Landgericht Hamburg zu überprüfen ist, zu unterlassen, die als Anlage zu dieser Erklärung beigefügten, im Internet unter

http://www. df (S. 9, Stadtplan)
http://www. pdf (S. 13, Stadtplan)
http://www. .pdf (S. 11, Stadtplan)
http://www. .pdf (S. 7, Stadtplan)
http://www. .pdf (S. 10)
http://www. .pdf (S. 12)
http://www. (S. 10)
http://www. .pdf (S. 6)

veröffentlichten Kartenausschnitte künftig im Internet öffentlich zugänglich zu machen.

II.

Herr handelnd unter Immobilien verpflichtet sich außerdem, der GmbH die Kosten der Inanspruchnahme ihrer anwaltlichen Vertreter in Höhe einer 1,3-Gebühr gem. §§ 13, 14 RVG, Nr. 2300 VV RVG zzgl. Postgebührenpauschale gem. Nr. 7002 VV RVG und gesetzlicher Mehrwertsteuer auf der Basis eines Gegenstandswertes von 36.196,32 € in Höhe von 1.099,00 € zzgl. MwSt. gemäß beigefügter Gebührennote zu erstatten.

III.

Ferner verpflichtet sich Herr handelnd unter Immobilien gegenüber der GmbH für die in Absatz I beschriebene Verletzung der Urheberrechte Schadensersatz in Höhe von 9.196,32 € zu zahlen. Sofern ein Lizenzvertrag zur Nachlizenzierung der Kartografie abgeschlossen wird, reduziert sich der Schadensersatzbetrag um die nach dem Lizenzvertrag zu zahlende Netto-Lizenzgebühr.

Der Betrag ist innerhalb von 10 Tagen auf das Konto der Bevollmächtigten zu zahlen.

, den ....
Herr handelnd unter

RECHTSANWÄLTE

*auch Fachanwalt für
Gewerblichen Rechtsschutz

Hamburg, den 31.10.2012

Unerlaubte Nutzung von Kartografie im Internet
"URL: http **Stadtplan)**
http://www **idtplan)**
http://www **, Stadtplan)**
http://www **Stadtplan)**
http://www
http://www **2)**
http://www
http://www
Unterlassung, Schadensersatz und Auskunft
Unsere Mandantin: GmbH
Rechnung Nr. 1201509

Gegenstandswert: 36.196,32 €		
Geschäftsgebühr §§ 13, 14 RVG, Nr. 2300 VV RVG	1,3	1.172,60 €
Pauschale für Post und Telekommunikation Nr. 7002 VV RVG		20,00 €
Zwischensumme netto		1.192,60 €
19 % Mehrwertsteuer Nr. 7008 VV RVG		226,59 €
Gesamtbetrag		**1.419,19 €**

Beispiel 6

RECHTSANWÄLTE

Eingegangen am:
09. Juli 2015
Immobilien

Hamburg, d. 09.06.15

Immobilien

Telefon
Telefax

Sprechstunden nach Vereinbarung

Ihre Anzeige bei immobilienscout24.de
„Courtagefrei! Saniertes 1-Zimmer-Appartment in "

Sehr geehrte Damen und Herren,

hiermit zeige ich an, von der Firma GmbH, vertreten durch ihren Geschäftsführer, mit der Wahrnehmung ihrer rechtlichen Interessen gegenüber beauftragt worden zu sein. Eine Vollmacht im Original füge ich in Anlage bei.

Meine Mandantin befasst sich als Verwalterin, Vermieterin und als Maklerin mit der Vermietung von Wohnungen bzw. mit der Vermittlung von Abschlüssen von Mietverträgen über Wohnraum.

Sie sind ebenfalls als Verwalterin, Vermieterin bzw. Maklerin auf demselben Gebiet tätig und stehen daher mit meiner Mandantin in einem Wettbewerbsverhältnis.

Seit dem 1. Juni 2015 ist eine wesentliche Änderung des Wohnraumvermittlungsgesetzes in Kraft getreten, nach der Mieter auch dann, wenn ein Makler den Mietvertrag vermittelt, keine Provisionen mehr schulden, es sei denn, dass ausnahmsweise der Makler die Wohnung konkret und ausschließlich für den Mieter im Einzelfall in dessen Auftrag gesucht und gefunden hat. Bereits vor Inkrafttreten dieser Regelung entsprach es der gesetzlichen Regelung, dass Verwalter und erst recht Vermieter keine Provisionen für die Vermietung von Wohnungen fordern dürfen, wenn im eigenen Bestand gehalten Wohnungen vermietet werden.

Meine Mandantin hat nun festgestellt, dass Sie auf den einschlägigen Internetportalen auch noch nach dem 1.6.2015 Wohnungen zum Zwecke der Vermietung inserieren und hierbei ganz ausdrücklich darauf hinweisen, dass die Vermietung provisionsfrei erfolgt.

Damit heben Sie in Ihren Inseraten etwas als besonders hervor, was der gesetzlich zwingenden Regelung entspricht. Hiermit verstoßen Sie gegen das UWG, nämlich gegen die §§ 3,5 und 8 UWG.

Hierdurch beeinträchtigen Sie die Vermarktungsbemühungen meiner Mandanten und verhalten sich ihr gegenüber als Mitbewerberin wettbewerbswidrig. Außerdem ist durch Ihr Verhalten auch eine Nachahmungsgefahr gegeben.
Meine Mandantin hat mich nun ermächtigt, Ihnen vor Einleitung gerichtlicher Schritte die Gelegenheit zu einer außergerichtlichen Bereinigung des Streitverhältnisses zu geben. Ich habe Sie daher namens und in Vollmacht meiner Mandanten aufzufordern, sich durch Unterzeichnung der beigefügten strafbewährten Unterlassungserklärung zu verpflichten, das beanstandete Verhalten künftig zu unterlassen. Ich weise höchst vorsorglich darauf hin, dass die Wiederholungsgefahr für den meiner Partei zustehenden Unterlassungsanspruch und damit auch für das Rechtsschutzbedürfnis für die Einleitung gerichtlicher Schritte nach der Rechtsprechung des Bundesgerichtshofes nur durch die Abgabe einer strafbewehrten Unterlassungserklärung ausgeräumt werden kann.

Für den Eingang dieser Erklärung habe ich mir hier eine Frist bis zum **19.06.2015** notiert.

Bei fruchtlosem Verstreichen dieser Frist werde ich meiner Mandantin empfehlen, unverzüglich gerichtliche Hilfe in Anspruch zu nehmen.

Sie sind weiter nach der ständigen Rechtsprechung des Bundesgerichtshofs zur Erstattung der durch diese Abmahnung entstandenen Kosten verpflichtet. Dieser Anspruch besteht unter den rechtlichen Gesichtspunkten sowohl des Schadensersatzes als auch der auftragslosen Geschäftsführung. In der Anlage habe ich daher meine Kostennote beigefügt. Den Eingang des Rechnungsbetrages erwarte ich ebenfalls innerhalb der vorgenannten Frist.

Mit freundlichen Grüßen

Anlagen

Strafbewehrte Unterlassungsverpflichtungserklärung

Kostennote

Strafbewehrte Unterlassungsverpflichtungserklärung

die Immobilien

verpflichtet sich hiermit gegenüber der Firma GmbH

es zu unterlassen, künftig in an die Öffentlichkeit gerichteten Inseraten Wohnungen unter der Anpreisung der Provisionsfreiheit der Vermietung zur Vermietung anzubieten;

für jeden Fall einer künftigen Zuwiderhandlung gegen die vorstehende Unterlassungsverpflichtung an die Firma GmbH

eine Vertragsstrafe in Höhe von € 5.100,00 zu zahlen;

der Firma GmbH die durch die Einschaltung der Rechtsanwältin entstandenen Kosten auf der Grundlage eines Gegenstandswertes von € 10.000,00;

in Höhe einer Regelgebühr von 1,3 (Nummer. 2300 VV RVG) zuzüglich Auslagen und Umsatzsteuer zu erstatten.

Ort, Datum

Unterschrift

des Vertretungsberechtigten Kostennote

105/15RO262

Gegenstandswert

€ 10.000,00

1,3 Geschäftsgebühr §§ 13,14, Nr. 2300 VV RVG	€ 725,40
Pauschale für Post und Telekommunikation Nr. 7002 VV RVG	€ 20,00
Zwischensumme netto	€ 745,40
19 % Umsatzsteuer Nr. 7008 VV RVG	€ 141,62
zu zahlender Betrag	€ 887,02

Beispiel 7

01 .09. 2015

per Fax :

Wettbewerbsrechtliche Abmahnung wegen Verstoß gegen § 16 a Energieeinsparverordnung 2014

Sehr geehrte Kollegen ,

ohne Ausweisung des Energieverbrauchs oder Bedarfswertes unter : **Bausubstanz & Energieausweis** , siehe **A 1** verhalten Sie sich unlauter gegenüber Verbrauchern und unfair gegenüber Mitbewerbern , die von Werbung Abstand nehmen , so diese Daten nicht verfügbar sind , etwa weil der Auftraggeber das nicht einsieht , weswegen ich Sie als Mitbewerber : Eigentümer der Berlin Verkehrswert siehe **A 2** Die Bank , die , hat in 2010 das ZVG Verfahren eingeleitet , weil sagte : Noch ist es zu früh um in Berlin wohnungsweise abzuverkaufen. Anfang 2012 setzte derselbe Gutachter den Wert noch mit € 5.6 ,- Mio,- an , derzeit wird die Aufteilung im Grundbuch vollzogen und auch die Landesbank muß einsehen , daß Abwarten nicht falsch war , sprich : Bauträgergewinn € 3.5 Mio,- und darüber ,

auffordere **binnen 10 Tagen** eine mit **€ 500 ,-** gesicherte Unterlassungserklärung dahin abzugeben , daß Sie künftig nicht mehr in der beanstandeten Form in der Werbung auftreten .

Kostenmäßig erbittet der Unterzeichner , der ehemalige Überweisung **€ 150 ,-** weil der seine juristische Erfahrung dem Bauträger auch nicht UWG Sachen siehe **A 3** umsonst einbringt , sondern gemäß § 5 RVG abrechnet und nicht wie eine Schreibkraft nach Blatt Papier vergütet wird .

Mit freundlichen Grüßen

Unterschrift

IMMOBILIEN Der Marktführer:
Die Nr. 1 rund um Immobilien

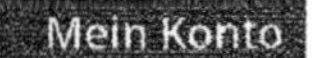

Mit Grundriss

3 Zimmer

100,34 m² Wohnfläche ca.

Großzügige 3-Zimmer-Terrassenwohnung in ruhiger Lage

Die vollständige Adresse der Immobilie erhalten Sie vom Anbieter.

Personenaufzug Balkon/Terrasse Garten/-mitbenutzung Gäste-WC Keller

Wohnungstyp	Erdgeschosswohnung
Wohnfläche ca.	100,34 m²
Bezugsfrei ab	Herbst 2015

Zimmer	3
Schlafzimmer	1
Anzahl Garage/ Stellplatz	1

Kosten

Kaufpreis	426.000 €
Garage/ Stellplatz-Kaufpreis	22.000 €
Provision für Käufer	4,76% des Kaufpreises

Bausubstanz & Energieausweis

Baujahr	2015
Heizungsart	Zentralheizung
Wesentliche Energieträger	Gas

Verfügbare Services

Objektbeschreibung

Herrlich sonnige Terrassenwohnung mit Garten

Die im Erdgeschoss gelegene 3-Zimmer Wohnung verfügt über einen ins Auge stechenden Wohn-/Essbereich mit direktem Zugang zur sonnigen Terrasse mit Garten. Eben jenes Wohnzimmer ist zusätzlich mit einer offenen Küche ausgestattet und somit von konventionellen Raumschnitten losgelöst - für großzügiges Wohnen.
Zwei weitere Räume in unterschiedlichen Größen ermöglichen eine individuelle Nutzung der Räume. Ein modernes Tageslichtvollbad sowie ein separates Duschbad mit Handtuchheizkörpern gehören zur Ausstattung.

Alle Wohnräume sind mit Holzparkettböden samt Fußbodenheizung versehen. Ein Abstellraum in der Wohnung und ein Kellerraum sorgen für ausreichend Staumöglichkeiten.

Notizen

Tragen Sie hier Ihre Notizen ein.

Noch 2000 Zeichen verfügbar.

Notizen speichern

W.

Herr

★★★★☆ (19 Bewertungen)

> Impressum des Anbieters
> Firmenprofil/Homepage
> Widerrufsbelehrung

Zur mobilen Webseite

DIPL.-ING.

von der IHK Berlin öffentlich bestellter und vereidigter Sachverständiger für die Bewertung von bebauten und unbebauten Grundstücken

Gutachten Nr.

über den Verkehrs-/Marktwert gemäß § 194 BauGB des Grundstücks

straße in Berlin

-Grundbuch von

Blick nach Süd-Westen

(straßenseitige Gebäudefront)

Blick nach Nord-Osten

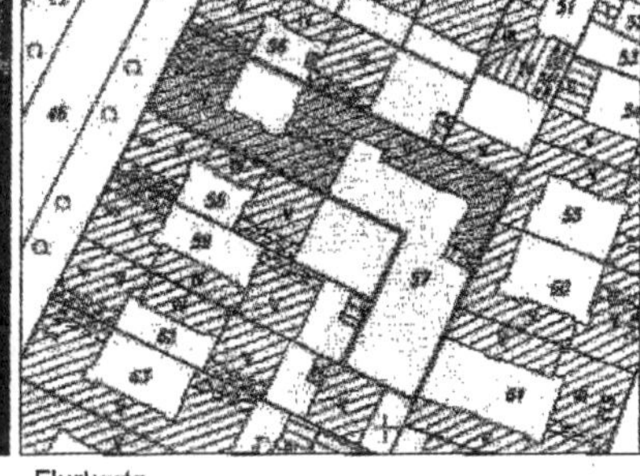

Flurkarte

Auftraggeber:	**Amtsgericht Mitte**
Geschäftszeichen:	
Verkehrswert:	**8.410.000,00 €** (ohne Berücksichtigung von Belastungen aus Abt. II des Grundbuches)
Bewertungsstichtag:	**05.06.2015**

Textfassung

Ausfertigung

28. Juli 2014

Landgericht Stuttgart

. Zivilkammer

Beschluss

Im Rechtsstreit

Immobilien

- Antragsteller -

gegen

[redacted] Immobilien
Inhaber [redacted]
[redacted]

- Antragsgegner -

GEGNER wird sich um DAMM kümmern!

wegen einstweiliger Verfügung

hat die . Zivilkammer des Landgerichts Stuttgart unter Mitwirkung von

Vors. Richter am Landgericht
Richterin am Landgericht
Richter am Landgericht

im Wege der einstweiligen Verfügung gemäß §§ 935, 936, 937, 938, 940 ZPO in Verbindung mit §§ 8 Abs. 1, Abs. 3 Nr. 1; 12 Abs. 2; 3; 4 Nr. 11 UWG; 1 Abs. 1 Satz 1 PAngV wegen besonderer Dringlichkeit ohne mündliche Verhandlung

beschlossen:

1. Dem Antragsgegner wird es bei Meidung eines für jeden Fall der Zuwiderhandlung festzusetzenden Ordnungsgeldes von bis zu 250.000 €, ersatzweise Ordnungshaft bis zu sechs Monaten, oder von Ordnungshaft bis zu sechs Monaten, untersagt,

im Geschäftsverkehr zu Zwecken des Wettbewerbs Immobilien an Endverbraucher zu bewerben, ohne den Bruttoprovisionssatz, der die Mehrwertsteuer enthält, auszuweisen, wenn dies wie folgt geschieht („Provision für Käufer: 3% zzgl. MwSt."):

2. Der Antragsgegner trägt die Kosten des Verfahrens.

3. Die Wirksamkeit dieser Beschlussverfügung hängt davon ab, dass der Antragsteller dem Antragsgegner gemeinsam mit dieser Beschlussverfügung jeweils eine beglaubigte Abschrift der Antragsschrift und der Schriftsätze vom 24. und 25. Juli 2014 jeweils nebst Kopien der beigefügten Anlagen zustellt.

4. Streitwert: 4.000,00 €.

Rechtsbehelfsbelehrung

1. Anordnung der einstweiligen Verfügung:

Gegen diesen Beschluss findet hinsichtlich der Anordnung einer einstweiligen Verfügung der Widerspruch nach §§ 924, 936 ZPO statt.

Der Widerspruch ist durch Einreichung einer Widerspruchsschrift bei dem

Landgericht Stuttgart
Urbanstr. 20
70182 Stuttgart

zu erheben. Der Widerspruchsführer muss sich durch einen Rechtsanwalt vertreten lassen, der die Widerspruchsschrift zu unterzeichnen hat.

Die widersprechende Partei soll in dem Widerspruch die Gründe darlegen, die sie für die Aufhebung der einstweiligen Verfügung geltend machen will

2. Streitwertfestsetzung:

Gegen die Entscheidung, mit der der Streitwert festgesetzt worden ist, kann Beschwerde eingelegt werden, wenn der Wert des Beschwerdegegenstands 200 Euro übersteigt oder das Gericht die Beschwerde zugelassen hat. Die Beschwerde ist binnen sechs Monaten bei dem

Landgericht Stuttgart
Urbanstr. 20
70182 Stuttgart

einzulegen. Die Frist beginnt mit Eintreten der Rechtskraft der Entscheidung in der Hauptsache oder der anderweitigen Erledigung des Verfahrens. Ist der Streitwert später als einen Monat vor Ablauf der sechsmonatigen Frist festgesetzt worden, kann die Beschwerde noch innerhalb eines Monats nach Zustellung oder formloser Mitteilung des Festsetzungsbeschlusses eingelegt wer-

Landgericht Frankfurt am Main
Kammer für Handelssachen

Aktenzeichen:

Es wird gebeten, bei allen Eingaben das vorstehende Aktenzeichen anzugeben

25. JULI 2014

<u>Beschluss</u>

In dem Rechtsstreit

Immobilien,

Antragstellerin

gegen

Firma GmbH Immobilien vertr.d.d.Geschäftsführer
10057 Berlin,

Antragsgegnerin

↑

GEGNER mit Sitz in Berlin

<u>Beschluss einstweilige Verfügung ZP 730</u>

hat die . **Kammer für Handelssachen** des Landgerichts Frankfurt am Main auf den in Abschrift beigefügten Antrag vom 22.07.2014 nebst Schreiben v. 23.07.2014, bei Gericht eingegangen am 23.07.2014, nebst 6 Anlagen

durch die Vorsitzende Richterin am Landgericht

am 24.07.2014 beschlossen:

Der Antragsgegnerin wird im Wege der einstweiligen Verfügung wegen Dringlichkeit ohne mündliche Verhandlung bei Meidung von Ordnungsgeld bis 250.000,-- EUR für jeden Fall der Zuwiderhandlung untersagt

im Geschäftsverkehr zu Zwecken des Wettbewerbs Immobilien an Endverbraucher, auch Kapitalanleger, zu bewerben, ohne den Bruttopovisionssatz, der die Mehrwertsteuer bereits enthält, ausweisen insbesondere, wenn dies, wie folgt, geschieht:

Povision für Käufer : 6 % plus MwSt.

Die Kosten des Eilverfahrens werden der Antragsgegnerin auferlegt.

Der Streitwert wird auf EUR 3.000,- festgesetzt.

Dieser Beschluss beruht auf den §§8 Abs. 1, 2,4 Nr. 11 UWG i.V.m. § 1 Abs. 1 PAngV, § 3,32, 91, 890, 935 ff. ZPO.

Diese Entscheidung kann mit dem Widerspruch angefochten werden. Er ist einzulegen bei dem Landgericht Frankfurt am Main, 60313 Frankfurt am Main, Gerichtsstraße 2. Widerspruchsberechtigt ist, wer durch diese Entscheidung in seinen Rechten beeinträchtigt ist.
Der Widerspruch wird durch Einreichung einer Widerspruchsschrift eingelegt. Der Widerspruch kann nur durch einen Rechtsanwalt eingelegt werden. Die widersprechende Partei hat die Gründe darzulegen, die sie für die Aufhebung der Entscheidung geltend machen will

Ausgefertigt
Frankfurt am Main, 24. Juli 2014

LANDGERICHT FRANKFURT (M) 213

, Justizangestellte
Urkundsbeamtin/-beamter der Geschäftsstelle

Beispiel 8

Rechtsanwalt

Fachanwalt für Arbeitsrecht

Hamburg
Deutschland

fon +49 (0)
fax +49 (0)
mobil +49 (0)
@
web www.

EINSCHREIBEN/RÜCKSCHEIN
Immobilien
Geschäftsführung

08.04.2015

Wettbewerbswidrige Werbung
hier: Werbung auf der Plattform immonet.de

Sehr geehr
sehr geehrte Damen und Herren,

ich vertrete die Interessen der GmbH, Hamburg. Eine auf mich lautende Vollmacht füge ich diesem Schreiben bei.
Meine Mandantin ist als Immobilienmakler in Deutschland, Spanien und Frankreich tätig und vermarktet Wohn- und Gewerbeimmobilien. Sie steht damit in einem Wettbewerbsverhältnis zu Ihnen.

Über die Immobilienplattform immonet.de inserieren Sie zumindest seit dem 07.04.2015 unter der Rubrik "Wohnung verkaufen" eine Suchanzeige für Eigentumswohnungen in Hamburg in jeder Größe und Preislage.

Diese Werbung ist unter wettbewerbsrechtlichen Gesichtspunkten zu beanstanden. Es liegt eine Irreführung im Sinne des § 5 Abs. 1 Satz 1 und 2 Nr. 1 UWG vor. Zwar weisen Sie bereits in Ihrer Anzeige darauf hin, dass Sie kein Objekt anbieten, sondern suchen. Dies offenbart sich dem Interessenten allerdings erst, wenn er sich mit Ihrer Anzeige befasst. In der Angebotsrubrik erwartet er keine Suchanzeige.

Die von diesen Interessenten über die immonet-Plattform und den Suchauftrag abgegebene Einwilligung zur Übersendung von Angeboten per E-Mail deckt zudem nur solche ab, mit denen dem Suchauftrag entsprechende Verkaufsangebote unterbreitet werden. Mit der Zusendung von E-Mails über Immobiliengesuche belästigen Sie diese Interessenten in unzumutbarer Weise.

.../2

In Ihrer Werbung liegt damit auch ein Verstoß gegen §§ 3; 7 Abs. 1 und 2 Nr. 3 UWG.

Ihre Vorgehensweise entspricht auch nicht den Allgemeinen Geschäftsbedingungen des Portalbetreibers für gewerbliche Immobilienanbieter.
In den einschlägigen AGB der Immonet GmbH heißt es unter § 5 Ziffer 5.1, dass sich die Berechtigung für die Einstellung von Daten auf das Angebot von Immobilien bezieht. Nach § 9 Ziffer 9.2 dürfen nur solche Angebote eingestellt werden, die Sie selbst vermarkten. Entsprechende Regelungen enthalten die AGB der Plattformen immobilienscout24.de (ausdrücklich in Ziff. 3b) und immowelt.de (Ziff.3).
Die Suche nach Objekten ist damit ausgeschlossen und wird auch deshalb vom Immobilieninteressenten nicht erwartet.

Mit dieser rechtswidrigen Werbung verschaffen Sie sich zugleich einen Wettbewerbsvorteil gegenüber meiner Mandantin. Da die Interessen meiner Mandantin dadurch beeinträchtigt werden, ist diese auch berechtigt, von Ihnen die Unterlassung dieser Werbung zu verlangen.

Ich habe Sie deshalb aufzufordern, diese Werbung sofort einzustellen und mir bis zum

20.04.2015

die beigefügte Unterlassungserklärung unterzeichnet zurückzusenden.

Die Vorab-Übermittlung der Unterlassungserklärung per Telefax wäre nur dann ausreichend, wenn das Original der Erklärung unverzüglich nachgesandt wird.

In jedem Falle ist die gesetzte Frist wegen der Dringlichkeit der Sache einzuhalten und kann nicht verlängert werden.

Die Gefahr der Wiederholung der beanstandeten Werbung wird nur durch die Abgabe einer strafbewehrten Unterlassungserklärung ausgeräumt.
Eine bloße Einstellung der beanstandeten Werbung oder auch das bloße Versprechen, nicht mehr so zu handeln, reichen zur Beseitigung der Wiederholungsgefahr nicht aus.
Sollte die vorgenannte Frist nicht eingehalten werden, müsste meine Mandantin gerichtlichte Hilfe in Anspruch nehmen.

Die Kosten dieses Schreibens haben Sie meiner Mandantin zu erstatten. Diese sind in der beiliegenden Unterlassungserklärung spezifiziert.

Mit freundlichen Grüßen

Außergerichtliche Vollmacht

Herrn Rechtsanwalt

wird hiermit Vollmacht zu meiner/unserer außergerichtlichen Vertretung erteilt
in der Angelegenheit

GmbH

gegen

Immobilien

und etwaige weitere Beteiligte wegen:

Werbung unter Verstoß gegen wettbewerbsrechtliche u.a. Bestimmungen

Die Vollmacht ermächtigt insbesondere:

1. zu außergerichtlichen Verhandlungen aller Art, zum Abschluss eines Vergleichs zur Vermeidung eines Rechtsstreits;

2. in Unfallsachen zur Geltendmachung von Ansprüchen gegen Schädiger, Fahrzeughalter und deren Versicherer;

3. zur Entgegennahme von Zahlungen, Wertsachen und Urkunden;

4. zur Stellung von Strafanträgen sowie zu deren Rücknahme, zur Vertretung als Nebenkläger in einem Strafverfahren;

5. zur Akteneinsicht;

6. zur Begründung und Aufhebung von Vertragsverhältnissen, zur Abgabe und Entgegennahme von einseitigen Willenserklärungen (z.B. Kündigungen) in Zusammenhang mit der oben unter „wegen..." genannten Angelegenheit;

7. zur Erteilung von Untervollmachten

Hamburg, 08.04.2015
(Ort, Datum)

U n t e r l a s s u n g s e r k l ä r u n g

Hiermit verpflichten wir uns gegenüber der Firma GmbH,
vertreten durch den Geschäftsführer M
Hamburg

1. es bei Meidung einer für jeden Fall der Zuwiderhandlung von der GmbH festzusetzenden und im Streitfall vom Landgericht Hamburg zu überprüfenden angemessenen Vertragsstrafe zu unterlassen:

   im geschäftlichen Verkehr über die Internet-Immobilien-Plattformen wie immonet.de, immobilienscout24.de, immowelt.de E-Mails mit fiktiven Immobilienangeboten an Interessenten versenden zu lassen, die kein Verkaufsangebot beinhalten, sondern eine Suchanzeige

2. der Firma GmbH die durch diese Abmahnung entstandenen Rechtsverfolgungskosten in folgender Höhe zu erstatten:

Wert: € 12.000,00

1,3 Geschäftsgebühr, VV-Nr. 2300 RVG	€ 785,20
Kommunikationskostenpauschale, VV-Nr.7002 RVG	€ 20,00
	€ 805,20

Datum

____

Hamburg

Beispiel 9

RECHTSANWÄLTE

Hamburg

IMMOBILIEN

Hamburg, d. 09.06.15

Hamburg

Telefon (040)

Telefax (040)

uns.Zeichen: ______

Sprechstunden nach Vereinbarung

Ihre Anzeige bei Immobilienscout24.de vom 07.06.2015
„Geräumige Mietwohnung am Rand von , mit 2 Balkonen!"

Sehr geehrte Damen und Herren,

hiermit zeige ich an, von der Firma GmbH, vertreten durch ihren Geschäftsführer, mit der Wahrnehmung ihrer rechtlichen Interessen gegenüber beauftragt worden zu sein. Eine Vollmacht im Original füge ich in Anlage bei.

Meine Mandantin befasst sich als Verwalterin, Vermieterin und als Maklerin mit der Vermietung von Wohnungen bzw. mit der Vermittlung von Abschlüssen von Mietverträgen über Wohnraum.

Sie sind ebenfalls als Verwalterin, Vermieterin bzw. Maklerin auf demselben Gebiet tätig und stehen daher mit meiner Mandantin in einem Wettbewerbsverhältnis.

Seit dem 1. Juni 2015 ist eine wesentliche Änderung des Wohnraumvermittlungsgesetzes in Kraft getreten, nach der Mieter auch dann, wenn ein Makler den Mietvertrag vermittelt, keine Provisionen mehr schulden, es sei denn, dass ausnahmsweise der Makler die Wohnung konkret und ausschließlich für den Mieter im Einzelfall in dessen Auftrag gesucht und gefunden hat. Bereits vor Inkrafttreten dieser Regelung entsprach es der gesetzlichen Regelung, dass Verwalter und erst recht Vermieter keine Provisionen für die Vermietung von Wohnungen fordern dürfen, wenn im eigenen Bestand gehalten Wohnungen vermietet werden.

Meine Mandantin hat nun festgestellt, dass Sie auf den einschlägigen Internetportalen auch noch nach dem 1.6.2015 Wohnungen zum Zwecke der Vermietung inserieren und hierbei ganz ausdrücklich darauf hinweisen, dass die Vermietung provisionsfrei erfolgt.

Strafbewehrte Unterlassungsverpflichtungserklärung

die IMMOBILIEN, Hamburg

verpflichtet sich hiermit gegenüber der Firma GmbH

es zu unterlassen, künftig in an die Öffentlichkeit gerichteten Inseraten Wohnungen unter der Anpreisung der Provisionsfreiheit der Vermietung zur Vermietung anzubieten;

für jeden Fall einer künftigen Zuwiderhandlung gegen die vorstehende Unterlassungsverpflichtung an die Firma GmbH

eine Vertragsstrafe in Höhe von € 5.100,00 zu zahlen;

der Firma GmbH die durch die Einschaltung der Rechtsanwältin entstandenen Kosten auf der Grundlage eines Gegenstandswertes von € 10.000,00;

in Höhe einer Regelgebühr von 1,3 (Nummer. 2300 VV RVG) zuzüglich Auslagen und Umsatzsteuer zu erstatten.

Ort, Datum

Unterschrift

des Vertretungsberechtigten Kostennote

105/15RQ165

Gegenstandswert
€ 10.000,00

1,3 Geschäftsgebühr §§ 13,14, Nr. 2300 VV RVG	€ 725,40
Pauschale für Post und Telekommunikation Nr. 7002 VV RVG	€ 20,00
Zwischensumme netto	€ 745,40
19 % Umsatzsteuer Nr. 7008 VV RVG	€ 141,62
zu zahlender Betrag	€ 887,02

VOLLMACHT

Zustellungen werden nur an den /
Bevollmächtige(n) erbeten

Frau Rechtsanwältin

_____ Hamburg
(Kanzleistempel)

wird hiermit in Sachen GmbH, Hamburg ./.

wegen Verstoß gegen §§ 3,5 und 8 UWG

Vollmacht erteilt

1. Zur Prozessführung (u.a. nach §§ 81 ff.ZPO) einschließlich der Befugnis zur Erhebung und Zurücknahme von Widerklagen;

2. Zur Antragstellung in Scheidungs- und Scheidungsfolgesachen, zum Abschluss von Vereinbarungen über Scheidungsfolgen sowie zur Stellung von Anträgen auf Erteilung von Renten- und sonstigen Versorgungsauskünften;

3. Zur Vertretung und Verteidigung in Strafsachen und Bußgeldsachen (§§302, 374 StPO) einschließlich der Vorverfahren sowie /für den Fall der Abwesenheit) zur Vertretung nach § 411 II StPO, mit ausdrücklicher Ermächtigung auch nach §§ 233 I, 234 StPO sowie mit ausdrücklicher Ermächtigung zur Empfangnahme von Ladungen nach §145 a II StPO, zur Stellung von Straf- und anderen nach der Strafprozessordnung zulässigen Anträgen und von Anträgen nach dem Gesetz über die Entschädigung für Strafverfolgungsmaßnahmen, insbesondere auch für das Betragsverfahren;

4. Zur Vertretung in sonstigen Verfahren auch bei außergerichtlichen Verhandlungen aller Art (insbesondere in Unfallsachen zur Geltendmachung von Ansprüchen gegen Schädiger, Fahrzeughalter und deren Versicherer);

5. Zur Begründung und Aufhebung von Vertragsverhältnissen und zur Abgabe und Entgegennahme von einseitigen Willenserklärungen (z.B. Kündigungen) im Zusammenhang mit der oben unter „wegen…“ genannten Angelegenheit.

Diese Vollmacht gilt für alle Instanzen und erstreckt sich auf Neben- und Folgeverfahren aller Art (z.B. Arrest und einstweilige Verfügung, Kostenfestsetzung-, Zwangsvollstreckungs-, Interventions-, Zwangsversteigerungs-, Zwangsverwaltungs- und Hinterlegungsverfahren sowie Insolvenzverfahren). Sie umfasst insbesondere die Befugnis, Zustellungen zu bewirken und entgegenzunehmen, die Vollmacht ganz oder teilweise auf andere zu übertragen (Untervollmacht), Rechtsmittel einzulegen, zurückzunehmen oder auf Sie zu verzichten, den Rechtsstreit oder außergerichtliche Verhandlungen durch Vergleich, Verzicht oder Anerkenntnis zu erledigen, Geld, Wertsachen und Urkunden, insbesondere auch den Streitgegenstand und die von dem Gegner, von der Justizkasse oder von sonstigen Stellen zu erstattenden Beträge entgegenzunehmen sowie Akteneinsicht zu nehmen.

Datum: 8.Juni 2015 Unterschrift: ____________

Strafbewehrte Unterlassungsverpflichtungserklärung

die IMMOBILIEN, Hamburg

verpflichtet sich hiermit gegenüber der Firma GmbH

es zu unterlassen, künftig in an die Öffentlichkeit gerichteten Inseraten Wohnungen unter der Anpreisung der Provisionsfreiheit der Vermietung zur Vermietung anzubieten;

für jeden Fall einer künftigen Zuwiderhandlung gegen die vorstehende Unterlassungsverpflichtung an die Firma GmbH

eine Vertragsstrafe in Höhe von € 5.100.00 zu zahlen:

der Firma GmbH die durch die Einschaltung der Rechtsanwältin entstandenen Kosten auf der Grundlage eines Gegenstandswertes von € 10.000,00;

in Höhe einer Regelgebühr von 1,3 (Nummer. 2300 VV RVG) zuzüglich Auslagen und Umsatzsteuer zu erstatten.

Ort, Datum

Unterschrift des Vertretungsberechtigten

Damit heben Sie in Ihren Inseraten etwas als besonders hervor, was der gesetzlich zwingenden Regelung entspricht. Hiermit verstoßen Sie gegen das UWG, nämlich gegen die §§ 3,5 und 8 UWG.

Hierdurch beeinträchtigen Sie die Vermarktungsbemühungen meiner Mandanten und verhalten sich ihr gegenüber als Mitbewerberin wettbewerbswidrig. Außerdem ist durch Ihr Verhalten auch eine Nachahmungsgefahr gegeben.

Meine Mandantin hat mich nun ermächtigt, Ihnen vor Einleitung gerichtlicher Schritte die Gelegenheit zu einer außergerichtlichen Bereinigung des Streitverhältnisses zu geben. Ich habe Sie daher namens und in Vollmacht meiner Mandanten aufzufordern, sich durch Unterzeichnung der beigefügten strafbewährten Unterlassungserklärung zu verpflichten, das beanstandete Verhalten künftig zu unterlassen. Ich weise höchst vorsorglich darauf hin, dass die Wiederholungsgefahr für den meiner Partei zustehenden Unterlassungsanspruch und damit auch für das Rechtsschutzbedürfnis für die Einleitung gerichtlicher Schritte nach der Rechtsprechung des Bundesgerichtshofes nur durch die Abgabe einer strafbewehrten Unterlassungserklärung ausgeräumt werden kann.

Für den Eingang dieser Erklärung habe ich mir hier eine Frist bis zum **19.06.2015** notiert.

Bei fruchtlosem Verstreichen dieser Frist werde ich meiner Mandantin empfehlen, unverzüglich gerichtliche Hilfe in Anspruch zu nehmen.

Sie sind weiter nach der ständigen Rechtsprechung des Bundesgerichtshofs zur Erstattung der durch diese Abmahnung entstandenen Kosten verpflichtet. Dieser Anspruch besteht unter den rechtlichen Gesichtspunkten sowohl des Schadensersatzes als auch der auftragslosen Geschäftsführung. In der Anlage habe ich daher meine Kostennote beigefügt. Den Eingang des Rechnungsbetrages erwarte ich ebenfalls innerhalb der vorgenannten Frist.

Mit freundlichen Grüßen

Rechtsanwältin

Anlagen

Strafbewehrte Unterlassungsverpflichtungserklärung

Kostennote

11. Literaturhinweise

Wettbewerbsrecht

Hefermehl/Köhler/Bornkamm, C.H.Beck, 33. Aufl.

Gesetz gegen den unlauteren Wettbewerb

Harte-Bavendamm/Henning-Bodewig, C.H.Beck, 2. Aufl.

Richtig werben

Reppelmund, DIHK

Beck'sches Mandatshandbuch Wettbewerbsrecht

Gero Himmelsbach, C.H.Beck, 4. Aufl.

Handbuch d. Wettbewerbsrechts

Gloy/Lohschelder, C.H.Beck, , 4. Aufl.

Wettbewerbsrechtliche Ansprüche

Teplitzky, C. Heymanns, 10. Aufl.

Der Wettbewerbsprozess

Ahrens, Heymanns, 5. Aufl.

UWG Gesetz gegen d. unlaut. Wettbewerb

Piper/Ohly, C.H.Beck, 6. Aufl.

Preisangabenrecht

Völker, C.H.Beck, 2. Aufl.

Unlauterer Wettbewerb

Emmerich, C.H.Beck, 9. Aufl.

Wettbewerbsrecht

Berlit, C.H.Beck, 9. Aufl.

Markenrecht

Berlit, C.H.Beck, 10. Aufl.

Die einstweilige Verfügung in Wettbewerbssachen

Berneke, C.H.Beck, 3. Auf.

Internetrecht

Härting, Dr. O. Schmidt, 5. Aufl.

Recht der elektronischen Medien

Spindler/Schuster, C.H.Beck, 3. Aufl.

Wettbewerbsrechtliche Fragen der Immobilienwirtschaft, 2011

Koch, IVD

Der Autor

Rudolf K. Koch

1949 in Gelsenkirchen geboren

1966 Mittlere Reife

1966 - 69 Facharbeiterausbildung zum Metallflugzeugbauer

1971 Beginn der nebenberufliche Tätigkeit in der elterlichen Immobilienfirma

1973 Abitur auf dem 2. Bildungsweg

1973 - 76 Studium (sechs Semester Jura)

Seit 1976 hauptberuflich als Immobilienmakler tätig

1986 - 1996 ehrenamtliches Vorstandsmitglied im Verband Deutscher Makler LV NRW

1988 - 2007 Mitglied Mietspiegelkommission der Stadt Gelsenkirchen

1992 - 2004 VDM Bundesvorstandsmitglied als ehrenamtlicher Rechtsreferent

Seit 1992 Seminare bei IHK und Verbänden und Dozententätigkeit bei verschiedenen Bildungsträgern im Immobilienbereich mit den Themen:
Immobilienwerbung und Wettbewerbsrecht
Existenzgründung Immobilienmakler
Maklerrecht

Seit 1994 Autor verschiedener Titel zum Thema Wettbewerbsrecht für Immobilienfirmen

Seit 2001 Mitglied im Regionalausschuss Gelsenkirchen der IHK Nord Westfalen

Seit 2003 Mitglied im Gutachterausschuss der Stadt Gelsenkirchen

Von 2004 bis 2015 ehrenamtlicher Vizepräsident Immobilienverband IVD Bundesverband der Immobilienberater, Makler, Verwalter, Sachverständigen e.V.

Seit 2012 ehrenamtlicher Richter am Finanzgericht Münster

E-Mail: koch-ivd@t-online.de